【事業者必携】

最新 アパート・マンション経営の法律と税務

税理士 **河原 大輔** 監修
弁護士 **齋藤 和紀**

三修社

本書に関するお問い合わせについて
本書の内容に関するお問い合わせは、お手数ですが、小社
あてに郵便・ファックス・メールでお願いします。
なお、執筆者多忙により、回答に1週間から10日程度を
要する場合があります。あらかじめご了承ください。

はじめに

　「アパート経営は不動産業者にまかせておけば大丈夫」と安心しきってはいけません。

　不動産業者は不動産に関する法律・税金・管理といった事項について幅広い専門的知識を備えているのが通常ですから、アパート経営を行う上で、重要なパートナーとなってもらえるのは間違いありません。

　しかし、アパートを経営するオーナーは賃貸人である貸主（大家さん）自身ですから、大切な権利を確保し、正確かつ安全に手続きを進めるためには、不動産業者との意思疎通や適切な連携が不可欠です。

　そのためには、アパート経営を考えている本人が借家契約や所得税といった経営上必要になる基本的知識を備える必要があるでしょう。

　借家契約などの賃貸借契約を締結すると、貸主は、アパートやマンションなどの不動産を提供する債務を負い、借主には賃料の支払義務が発生します。目的物の使用方法をめぐるトラブルや地代・家賃の滞納といったトラブルが生じる可能性があります。大家さんとしてはトラブル対策も視野にいれなければなりません。

　本書は、所有する建物、特にマンションやアパートの経営をしている人や、マンション（いわゆるワンルームマンション）の一部屋を購入し、それを賃貸して賃貸収入を得ようと考えている人などを対象に、賃貸借契約締結における法律知識から契約解除・原状回復に関する法律知識、物件の取得や管理に関わる法律と税金、所得税の計算と確定申告、相続時精算課税制度などの相続税対策などを解説しました。

　家賃滞納対策や、滞納による契約解除の通知書などの書式や、素朴な疑問などについてのアドバイスもQ＆A形式で掲載しています。

　また、土地を所有している人がアパートや家屋を建設して経営を行う場合に関わってくる建築基準法の基礎知識も解説しました。

　本書をご活用頂き、アパート経営に役立てて頂ければ、監修者としてこれに勝る喜びはありません。

　なお、本書の監修にあたりご尽力を頂いた、みどり総合法律事務所の弁護士の武田祐介先生にこの場を借りて、心より御礼を申し上げます。

　　　　　　　　　　　　　　監修者　　税理士　河原　大輔
　　　　　　　　　　　　　　　　　　　弁護士　齋藤　和紀

Contents

はじめに

第1章 不動産経営と関わる法律や税金
1 不動産をめぐる法律について知っておこう　　8
2 建物賃貸借の規制について知っておこう　　11
3 不動産をめぐる税金について知っておこう　　14
4 固定資産税・都市計画税・不動産取得税とはどんな税金か　　16
Column　有益費とはどんなもの？　　22

第2章 建築基準法の基礎知識
1 都市計画法と建築基準法の概要を知っておこう　　24
2 用途地域と用途地区について知っておこう　　26
3 建ぺい率と容積率の制限を知っておこう　　28
4 斜線制限や日影規制もある　　31
5 道路をめぐる法律を知っておこう　　35
6 防火規制について知っておこう　　38
7 建築確認について知っておこう　　41

第3章 賃貸借契約締結における法律知識
1 借家契約の種類について知っておこう　　44
　　書式　定期借家契約終了についての通知　　47
2 契約当事者について知っておこう　　48
3 賃貸借契約において注意すべき点は何か　　50
4 契約期間と更新に気をつけよう　　54
5 敷金・礼金について知っておこう　　59
6 禁止事項について知っておこう　　65
7 保証契約と家賃保証について知っておこう　　69
8 特約や付随契約について知っておこう　　73
9 重要事項説明書について知っておこう　　80
10 公正証書で契約書を作成することもある　　82

書　式	定期建物賃貸借契約公正証書　　　　　　　　　85

第4章　入居期間中の管理や家賃をめぐる法律知識

1　仲介と管理方法について知っておこう　　　　　　　　90
2　物件広告を出すときに注意すること　　　　　　　　　96
3　入居者を選別するときに注意すること　　　　　　　　99
4　共益費・管理費をめぐる問題点について知っておこう　101
5　家賃について知っておこう　　　　　　　　　　　　　103
6　賃料改定をめぐる問題点について知っておこう　　　　107
7　賃貸人の修繕義務について知っておこう　　　　　　　114
8　用法違反や目的外利用について知っておこう　　　　　117

第5章　賃貸トラブルと法的解決法

1　トラブルを上手に解決するコツと法的手段について知っておこう　120
2　入居者の自殺や行方不明にどのように対処すればよいのか　128
3　家賃のトラブルにはどんなものがあるのか　　　　　　132
　|書　式| 供託された家賃を受け取るときの通知書　　　134
4　家賃の不払いと契約の解除について知っておこう　　　136
　|書　式| 家賃滞納による契約解除の通知書（内容証明郵便）　139
5　賃料の滞納と明渡し請求について知っておこう　　　　140
6　賃料を滞納している賃借人への督促の仕方　　　　　　143
7　賃借人や保証人の破産について知っておこう　　　　　147

第6章　契約解除・原状回復に関する法律知識

1　正当事由と立退料について知っておこう　　　　　　　150
2　契約解除の手続きについて知っておこう　　　　　　　155
　|書　式| 解約後も居座る借主に立退きを請求する文書　158
3　原状回復について知っておこう　　　　　　　　　　　160
　|資　料| 賃貸トラブルガイドラインによる貸主・借主の負担区分　167

書 式 契約書に添付する原状回復の条件に関する様式	170
書 式 原状回復の精算明細等に関する様式	173
4 造作買取請求権について知っておこう	175

第7章　物件の取得や管理に関わる法律と税金

1 物件購入時に関する法律問題について知っておこう	178
2 区分所有に関する法律には何があるのか	184
3 通常の譲渡税について知っておこう	188
4 事業用資産の買換え特例について知っておこう	192
Column　駐車場経営には借地借家法の適用はない	196

第8章　所得税の計算と確定申告

1 家賃収入を得ると所得税などがかかる	198
2 税額計算の流れをおさえよう	202
3 不動産所得における収入・経費について知っておこう	208
4 有利な青色申告制度について知っておこう	211
5 各種届出について知っておこう	214
6 確定申告について知っておこう	216
7 所得税に付随する税金のことを知っておこう	221

第9章　アパート・マンション経営をめぐるその他の税務知識

1 法人設立のメリットについて知っておこう	224
2 アパート・マンション経営における法人課税について知っておこう	230
3 消費税の基本的なしくみについて知っておこう	235
4 アパート・マンション経営では消費税の還付を活用しよう	240
5 相続税対策にはどんな手段があるのか	244
6 不動産を使った相続対策にはどんなものがあるのか	246
7 相続時精算課税制度のしくみについて知っておこう	250
8 相続時精算課税制度を利用したいケースとはどんな場合か	254

第1章

不動産経営と関わる法律や税金

1 不動産をめぐる法律について知っておこう

民法や借地借家法、税法など様々な規制と関わる

● 利用者の権利・利益を保護するための規制がある

　アパートやマンション、土地といった不動産には一般に高い価値があります。また、土地や建物は人の生活にとって不可欠です。そこで、土地・建物の取引については、他人の権利との利害を調整するため、あるいは居住者をはじめとする利用者の権利・利益を保護するため、様々な法律の規制があります。

　不動産をめぐる主な法律としては、土地・建物の売買や賃貸借、建築請負、抵当権の設定、相続があげられます。これらについての基本事項は、**民法**に定められています。ただ、民法の決まりだけでは、多種多様な問題に対して十分な対処ができないため、多くの特別法が定められています。

● 賃貸借に関する法律

　アパート・マンション経営の典型的パターンは集合住宅の各部屋を賃貸する賃貸借です。前述したように、土地・建物は生活の重要な基盤になりますから、不動産賃貸借は他の賃貸借契約と区別して特に保護する必要があります。そこで、**借地借家法**が制定され、民法の原則を修正し、賃借人を手厚く保護しています。建物の所有を目的とする借地権あるいは借家権については、貸主による一方的な解約を制限するなど、借主の権利が強化されています。

● 売買に関わる法律

　アパート・マンション経営を行うにあたってまず「建物や土地を取

得することから始める」というケースもあるでしょう。

　不動産売買については、「農地法」や「宅地建物取引業法」（宅建業法）などによる規制があります。農地法は、耕作者の地位の安定、農業生産力の増進を目的として、農地所有権の移転や利用権の設定について制限を加えています。宅地建物取引業法は、不動産購入者の保護を目的として、不動産業者を規制する法律です。その他、限りある土地を合理的に利用できるようにするために、「国土利用計画法」に一定の制限があります。また、欠陥住宅の販売を規制するために、「住宅の品質確保の促進等に関する法律」が制定されています。さらに、欠陥補償の確保を目的として、「特定住宅瑕疵担保責任履行確保法」が制定されています。

◉ マンションについての法律

　マンションなどの集合住宅は、複数の住人が敷地や建物の共用部分

■ 不動産をめぐる法律

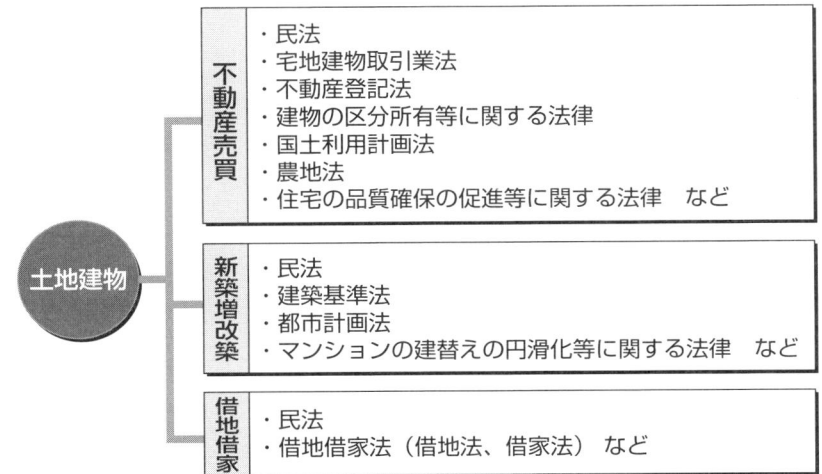

第1章　不動産経営と関わる法律や税金　9

を共有する点で、通常の一戸建てとは異なるため、建物の管理や使用について居住者相互の関係を規律する必要があります。そこで、「建物の区分所有等に関する法律」（区分所有法）が制定されています。その他、「マンション管理適正化法」や「マンション建替え法」といった法律もあります。

● 確認申請や検査などで必要になる関連法律

　老後の収入確保といった目的で、所有する土地を有効活用するためにアパートなどを建築するケースがあります。

　アパート、マンションなどの建築物の建築にあたっては、その建築物が法令に沿って建築されているかを判断するために確認申請や検査といった手続きを経る必要があります。その際、「建築基準法」や「建築基準法施行令」などが基準とされることはもちろんですが、この他にも施行令9条に定められた法律（消防法、駐車場法、水道法、下水道法、宅地造成等規制法、都市計画法、特定都市河川浸水被害対策法など）が確認申請や検査の基準となります。これらの法律を「建築基準関係規定」といいます。

　他にも、「高齢者、障害者等の移動等の円滑化の促進に関する法律」（通称バリアフリー法）や「高圧ガス保安法」も建築基準関係規定に含まれます。バリアフリー法では、高齢者、障害者などが利用する特定建築物の建築基準を規定しています。また、高圧ガス保安法では、高圧ガスを取り扱う建築物のガス設備について基準が規定されています。

2 建物賃貸借の規制について知っておこう

建物賃貸借では借地借家法、消費者契約法、区分所有法が重要

● 不動産賃貸借と民法・借地借家法の適用

　賃貸借とは、賃貸人が賃借人に物を使用・収益させ、賃借人が対価として賃料を支払う契約をいいます。DVDや本、自動車といった動産から土地・建物といった不動産まで、日常生活の中でも賃貸借契約は広く利用されていますが、最も重要なのは不動産の賃貸借です。

　賃貸借について規定している主な法律は民法と借地借家法です。

　賃貸借契約の効力、当事者の義務、解約といった事項については、社会で生じる問題についての基本的なルールを定めた民法に規定が置かれています。賃貸借契約についての民法の規定は借地契約・借家契約に共通して適用されます。

　もっとも民法は賃貸借契約の大枠を定めたにすぎず、借地借家をめぐる法律関係については借地借家法が中心に適用されます。特に、民法の規定だけでは借主が十分な保護を受けることができない状況にあるので、借地借家法により民法の原則が変更されており、借主が強力に保護されています。

　居住用、営業用を問わず建物の賃貸借については、借地借家法が適用されます。民法にも賃貸借に関する規定がありますが、建物賃貸借については、借地借家法が優先的に適用されます。賃貸借契約で借地借家法が適用されないのは、一時的に建物を使用する場合や建物を使用する目的のない土地賃貸借などに限られます。

　借地借家法は、賃借人（入居者）の保護を目的とする法律です。そのため民法と比べて賃借人に有利な規定が多いようです。具体的には、賃貸人は「正当な理由」がないと契約更新を拒絶できないといった規

第1章　不動産経営と関わる法律や税金

定があります。

このように民法の規定を修正して、賃借人を手厚く保護する役割を果たしているのが借地借家法です。なお、現在の借地借家法は平成4年8月1日から施行されていますが、それより前に締結された契約については、従来から施行されていた「借地法」と「借家法」が適用されます。借地借家法のことを新法、借地法や借家法のことを旧法ということもあります。現在の借地借家法と以前の借地法・借家法では存続期間や契約の更新方法に違いがあります。

◉ 消費者契約法により借主は保護される

消費者契約法は一般の消費者と事業者が契約する際に、消費者に不当に不利な契約が結ばれないようにするためのルールを定めた法律です。そして不動産の賃貸借契約は、通常、事業として賃貸業を営む賃貸人や地主と、一般人である借主が結ぶ契約ですから、賃貸借契約についても消費者契約法が適用されることになります。

消費者契約法の施行は平成13年4月ですから、平成13年4月1日以降に設定・更新した契約については消費者契約法が適用されています。通常のアパートであれば契約期間は2年とされることが多いので、す

■ アパートなどの借家契約に関わる主なルール

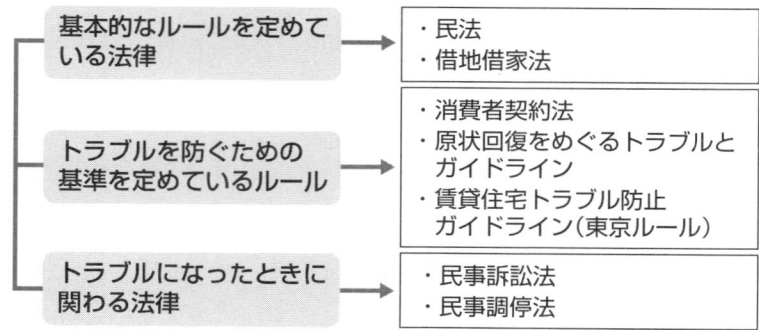

でに多くの借家契約は消費者契約法の対象になっているといえるでしょう。

　消費者契約法により信義則（相手の期待を不当に裏切るような行動をしてはいけないという法原則のこと）に反して消費者（借主）の利益を一方的に害する特約は無効となります（消費者契約法10条）。

　アパート経営を行う事業者と借主が結ぶ賃貸借契約についても、契約全体が無効になるとは限りませんが、消費者契約法の適用により、借主に一方的に不利になる契約条項は無効とされる可能性があります。裁判では、消費者を不当に扱う原状回復義務の特約条項などが無効と判断されています。

● マンションの賃貸の場合、区分所有法も関わってくる

　資金がないために、アパートのオーナーになって各部屋を賃貸してアパートを経営することが難しい場合でも、ワンルームマンションの一部屋を購入し、購入した部屋を賃貸して賃貸収入を得るといった投資をすることができるケースはあります。マンションのような共同住宅については、区分所有法が共同利益を侵害する行為の禁止、といった規制を置いています。区分所有法の規定は区分所有者（購入者）だけでなく、区分所有者から部屋を借りている賃借人にも適用されるため、ワンルームマンション投資を行う場合にも注意する必要があります。

■ 借家契約の法律規制

	民　法	借地借家法
契約の存続期間	最長20年 1年未満でも可能	20年を超える契約も有効 （民法604条は適用されない） 1年未満は期間の定めなしとみなす
契約満了と更新	契約期間満了で終了	更新拒絶の制限 （正当理由の検討）
第三者に主張する条件	借家権の登記	借家の引渡し（住んでいること）

3 不動産をめぐる税金について知っておこう

様々な税金がかかり、金額も大きい

● 取得段階でかかる税金

　不動産を取得すると、不動産取得税、登録免許税、印紙税など、様々な税金の支払いが必要です。

　不動産取得税は、不動産を取得することができる＝税金の支払能力があるとみなされることで課されます。支払先は国ではなく都道府県になります。不動産を持つこと、あるいは持ち主が変わったことで課される税金が登録免許税です。また、契約書に貼付する印紙には、印紙税がかかります。登録免許税・印紙税は国に納められます。また、不動産の取得には消費税も課税されます（ただし、土地に対する消費税は政策上の理由で非課税）。課税対象が大きいので、支払う消費税額も大きな負担となりますが、事業者ではない個人間の中古建物の売買であれば消費税はかかりません。

　なお、不動産の取得方法には自分で新たに取得する他に、相続や遺贈（遺言によって、遺産の全部または一部を譲与すること）、贈与（自分の財産を無償で相手に与える契約）によるものがあります。相続や遺贈によって不動産を取得した場合には相続税や贈与税の課税対象となります。

　現金で相続や遺贈を受け、その現金で不動産を取得した場合も同じ扱いとなります。

● 固定資産税の対象になる期間

　固定資産税は一定以上の大きさを持つ資産を保有していることに対して課せられる税金です。不動産も課税の対象となり、その不動産が

都市計画区域内（24ページ）にある場合は都市計画税の課税対象にもなります。当然ながら、居住するために入手した土地や住宅に対しても課税されるわけですが、住宅用地を取得した場合や一定の住宅を新築または改築した場合には、軽減措置が設けられています。

◉ 譲渡所得や不動産所得が発生する場合

不動産を取得したときよりも高い価格で処分した場合、売却益が発生します。この売却益も課税対象となりますが、軽減措置を受けられる場合があります。

自分が所有している不動産を他人に賃貸して得た利益が、不動産所得です（199ページ）。不動産所得のうち課税の対象となるのは、利益から必要経費を差し引いた部分を基礎として、そこから一定の所得控除をした金額です。

■ 不動産の取得・保有・事業経営・売却と税金の種類

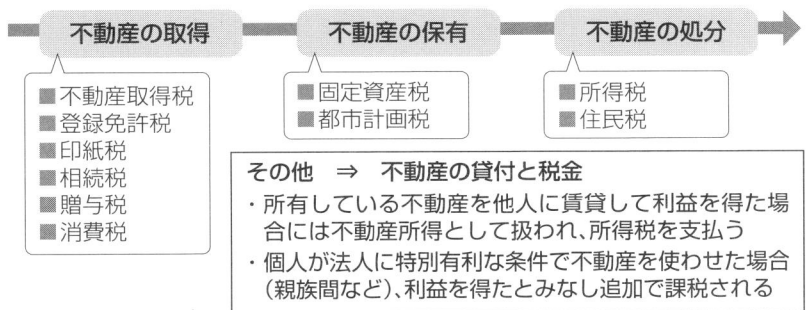

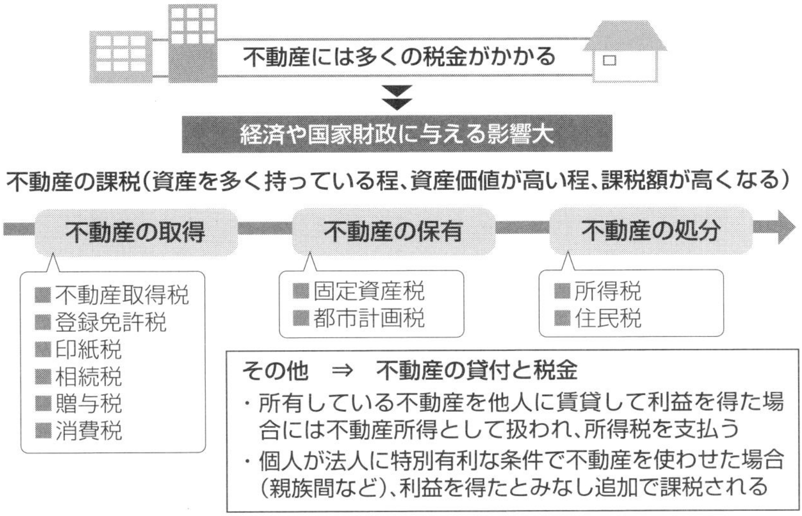

4 固定資産税・都市計画税・不動産取得税とはどんな税金か

かかる税金の金額や特例を把握して経営に臨むようにするとよい

● 固定資産税とは

　毎年1月1日現在、土地、家屋などの不動産、事業用の償却資産を所有している人が、その固定資産の評価価格を基に算定される税額を、その固定資産の所在する市町村に納める税金です。

　固定資産税は、固定資産の価格である固定資産税評価額に一定の税率1.4％（標準税率）を掛けて求めます。固定資産税は土地や家屋に対して課税される他、事業用の償却資産に対しても課税されます。固定資産税の課税対象となる償却資産とは、土地・家屋以外の事業の用に供することができる資産をいいます。なお、自動車は別途自動車税が課税されるため、対象となりません。市町村内に事業用資産を所有している者は、毎年1月1日現在の所有状況を1月末日までに申告する必要があります。土地は土地登記簿、家屋は建物登記簿によって課税対象の把握ができますが、償却資産についてはこれに相当するものがないため所有者の申告が義務付けられています。

　固定資産税評価額は、国（総務大臣）が定めた「固定資産評価基準」に基づいて市町村が決定します。評価額は、土地については公示価格の70％程度（時価の50〜60％）、建物については建築費の50〜70％程度が一般的です。評価額は原則として3年ごとに見直し、評価替えが行われます。

● 固定資産税は誰が納めるのか

　固定資産税は土地や建物といった不動産を所有していることに対して課せられる税金です。したがって納税義務者は不動産の所有者とい

うことになります。毎年1月1日にその不動産の所有者に対して納税通知書が送付されます。1月1日の翌日である1月2日に不動産を手放したとしても、1月1日に不動産を所有している限りその年1年間の固定資産税の全額を支払う義務があります。

　土地や建物を複数人で所有している場合、所有者全員が共同で固定資産税を納付する義務があります。したがって所有者の中に固定資産税を支払わない人がいた場合には、他の所有者に支払われていない分の固定資産税を納税する義務が生じます。

　分譲マンションなど、区分所有建物の敷地は、建物の区分所有者が専有面積に応じて共有する形がとられています。このような場合でも区分所有者全員で連帯して納税する義務を負っているのが原則です。

　しかし、他人の滞納分を支払わせることには無理が生じます。このため以下の2つの要件を満たす場合には連帯して納税する義務は負わず、それぞれが自分の持ち分に応じた税金を支払えばよいことになっています。

・区分所有者全員が敷地を共有していること
・敷地と建物の専用部分の持分割合が一致していること

● 固定資産税の特例

　固定資産税は市町村に対して納付し（東京23区は都税）、税額は以下のように計算されます。

> 土地の場合：課税標準額×1.4％
> 建物の場合：建物課税台帳に登録されている金額×1.4％

　固定資産税の税率1.4％は標準税率であり、各市町村は条例によってこれとは異なる税率を定めることができます。

　また、一定の要件を満たす場合、以下の①住宅用地の特例、②新築

住宅の特例のように、固定資産税を減額する特例の適用を受けることができます。他にも、耐震改修をした場合の減額、バリアフリー改修をした場合の減額、省エネ改修をした場合の減額といった特例が用意されています。

① 住宅用地の特例

　住宅の敷地の用に供されている土地についての税負担を軽減するためのもので、小規模住宅用地（200㎡までの部分）については、固定資産税評価額の6分の1、一般住宅用地（200㎡を超える部分）については、固定資産税評価額の3分の1が課税標準額になります。

② 新築住宅の減額

　新築された住宅が一定の要件を満たす場合に、家屋の固定資産税が2分の1に減額されます。なお、居住部分が120㎡までのものは、その全部が減額対象になりますが、120㎡を超える場合には、120㎡に相

■ 固定資産税の計算式と特例

```
＜固定資産税額の計算式＞
　固定資産税額＝固定資産税課税標準額×1.4％

・一般住宅用地に関する特例
　固定資産税評価額×1/3

・小規模住宅用地（200㎡以下）に関する特例
　固定資産税評価額×1/6

・新築住宅の税額軽減
　新築住宅で50㎡以上280㎡以下のものは、3年間（3階建て以上の耐
　火建築住宅は5年間）一定面積（120㎡）に対応する税額を1/2に減額

・耐震改修の税額軽減
　昭和57年1月1日以前の住宅について一定の耐震改修工事をした場合、
　1/2減額
　減額期間
　イ 平成22年1月1日から平成24年12月31日までの改修→2年間
　ロ 平成25年1月1日から平成27年12月31日までの改修→1年間
```

当する部分だけ減額対象になります。減額期間は、3階建て以上の耐火・準耐火建築物である住宅（マンションなど）は5年、それ以外の住宅（一戸建て住宅など）は3年です。居住用部分の床面積50㎡以上（賃貸住宅の場合は40㎡以上）280㎡以下であることが要件となっています。新築住宅を取得した場合の固定資産の減額は平成26年3月31日までの措置とされていましたが、平成26年度の税制改正により2年間延長され、平成28年3月31日までに新築された住宅に適用されます。

● 都市計画税とは

　都市の整備に充てるための財源として徴収する地方税です。都市計画法という法律に基づく市街化区域内の土地や家屋に課税されるものです。都市計画税の税額は、固定資産税評価額に一定税率を掛けて算出し、固定資産税と同時に市区町村に対して納税します。都市計画区域内でなければ、課税されないのですが、都市計画区域は、ほとんどすべての自治体で導入されています。税率と都市計画税についての特例措置は下図のようになります。

　都市計画税も市町村に対して納付します（東京23区は都税）。税額の計算は固定資産税の計算と同様の課税標準額に対して0.3％までの

■ 都市計画税の税率と特例

税率	土地	課税標準額×0.3％
	建物	建物課税台帳に登録されている金額×0.3％
特例措置		住宅用地については、課税標準額を以下のように軽減 ・住宅1戸あたり200㎡までの住宅用地については価格の3分の1を課税標準額とする ・200㎡を超える部分についても価格の3分の2を課税標準額とする

※上図の税率「0.3％」は東京23区を基準とした税率。市区町村によって軽減されているケースはある（たとえば、埼玉県新座市では平成26年度の都市計画税の税率は0.18％とされている）

第1章　不動産経営と関わる法律や税金

金額になります。固定資産税と異なり、都市計画税の税率は0.3％を上限として各市町村で異なる税率を定めることができます。

　この都市計画税についても特例があります。住宅の敷地の用に供されている土地で、小規模住宅用地（200㎡までの部分）については、課税標準額が3分の1に減額されます。また一般住宅用地（200㎡を超える部分）については、課税標準額が3分の2に減額されます。

● 不動産の価格と税額計算の仕方

　ここでは、アパートやマンションを新たに取得した場合にかかる税金について見ていきます。不動産取得税は、不動産（土地や建物）を買った場合や建物を建てた場合に、その土地や建物を取得した人に対して課される税金です。

　不動産取得税が課税される場合に基準となる不動産の価格は、実際に購入した価格ではなく、固定資産課税台帳に登録されている価格です。ただ、新築の建物の場合には、この固定資産課税台帳に価格が登録されていない場合があります。そのような場合には、都道府県知事が価格を決定することになっています。この計算は、国（総務大臣）が定める固定資産評価基準に基づいて行われます。

　不動産取得税の具体的な金額については、取得した不動産の価格（課税標準額）に税率を掛けて算出されますが、実際には一定の建物について、一定の期間、税額を優遇する特例が適用されます。

● 非課税措置や減免措置

　不動産取得税の税率は本来4％ですが、土地・家屋の取得時期に応じて一時的に税率が軽減されています。具体的には、平成20年4月1日から平成27年3月31日までに取得する不動産についての不動産取得税は、土地については3％、住宅については3％、住宅以外の家屋については4％とされており、土地と住宅用家屋について、本来の税率

より1％軽減されることになります。税率を掛ける土地・家屋の価格（課税標準額）は、原則として、取得時の固定資産課税台帳に登録されている価格です。しかし、宅地等の土地については、平成27年3月31日までに取得した場合は、課税標準額は、固定資産課税台帳に登録されている価格の2分の1になります。

　土地の場合で、課税標準額が10万円未満のときは、不動産取得税はかかりません。新築、増築、改築による家屋建築の場合は課税標準額が23万円未満のときに、売買、贈与などそれ以外の方法での家屋の取得の場合は12万円未満のときには税金がかかりません。不動産を相続によって取得した場合、不動産取得税は非課税になります。

　また、不動産取得税についても一定の要件を満たす場合には特例が適用されます。たとえば、新築住宅を、建築または購入により、取得した場合、「特例適用住宅」の基準を満たすと、課税標準額から1200万円が控除されます。特例適用住宅の基準は、住宅の床面積が50㎡以上240㎡以下という場合です（ただし、貸家である共同住宅の場合は40㎡以上240㎡以下です）。この特例が適用される住宅用家屋が建っている土地については、建物だけではなく、特例として土地の取得時の不動産取得税も軽減されます。

■ 不動産取得税の内容と税額の算出方法

内　　容	不動産を購入した場合や建物を建てた場合に、その土地や建物を取得した人に課される税金。毎年納税するのではなく、取得時の1回だけ納税する。
算出方法	取得時の固定資産課税台帳登録価格 × 税率 （ただし、軽減措置あり）
税　　率	平成20年4月1日から平成27年3月31日までに取得した場合の税率は以下の通り 　　・土地、住宅用家屋 ➡ 3％　　・住宅以外の家屋 ➡ 4％

Column

有益費とはどんなもの？

　古い壁紙や床のカーペットを新しいものに交換すると、当然のことですが費用がかかります。この場合に、目的物（借家や借地）の改良のために支出した費用のことを有益費といいます。「改良」とは、これまでの状態をよくして価値を高めることです。古い壁紙やカーペットを新しくすれば、建物の状態がよくなり、その結果、建物そのものの価値が増すことになります。ただし、これは法理論上の話であって、実際は、借りているアパートや借家に借主が大金を費やして有益費を支出する例は少ないといえるでしょう。

　有益費とは、目的物の価値を増すためにかかった費用ということになりますが、必要費とは違うもの、ということは理解しておかなければなりません。必要費とは、たとえばトイレの修理のように、その目的物を維持したり利用するのに最低限の機能を確保させるために費やされる費用のことです。トイレが使えなければ最低限の日常生活すら送ることができません。そこでトイレを修理するのにかかった費用は必要費として、借主は直ちに貸主に全額支払ってもらうことができます。しかし、部屋の壁紙を新しく張り替えるのは、ケースにもよりますが、通常の建物の利用にどうしても必要不可欠とまではいえません。この場合は必要費ではなく、有益費ということになります。

　このように、有益費と必要費の区別は、一部のケースを除いてそれほど難しいところはありません。むしろ難しいのは、造作との区別でしょう。造作とは、畳、雨戸、クーラーのように、建物の価値を客観的に高めるために取り付けた付属物のことをいいます。

　なお、借主が有益費償還請求をすることができるのは、賃貸借契約が終了して、借主が目的物から出て行くときです。この点で、賃貸借契約継続中であっても借主が支出してから直ちに貸主に請求していくことができる必要費の場合とは異なります。

第2章

建築基準法の基礎知識

1 都市計画法と建築基準法の概要を知っておこう

都市整備のため建物を建てられない地域もある

● 都市計画区域とは

　所有する土地などにアパートやマンションを建てようと考えている場合、その地域で実際にアパートを建てられるのかどうかを確認する必要があります。また、たとえ建てられるとしても、家の大きさや用途に制限がないかを調べる必要があります。これらの事項は、行政の都市計画課に備え置かれている都市計画図で確認することができます。

　都市計画図では特に都市計画区域に注目します。都市計画区域とは、その地域をまとまりのある都市として開発し、整備をしていこうとしている地域のことです。たとえば、住宅地に巨大なショッピングセンターや工場などが建たないように規制をしているのです。

　都市計画区域は、通常は、①市街化区域、②市街化調整区域に分けられます。市街化区域とは、既に市街地を形成している区域および10年程度を目安にして、行政が積極的に市街化を図ろうとしている区域です。これに対して市街化調整区域とは、当面は市街化を抑制すべき区域です。なお、都市計画区域のうち、まだ①にも②にも区分されていない区域は非線引区域といいます。非線引区域は、まだ色塗りをされていない地域ということで、白地地域とも呼ばれます。

● 市街化区域と市街化調整区域

　調査の結果、建物を建てようとしている地域が①の市街化区域に該当する場合は、特に都市計画上の問題はありません。一方、②の市街化調整区域には、原則として建物を建てることはできません。長期的な都市計画の観点から市街化調整区域では、通常の住宅・商店・事務

所などを建築することを禁止し、市街化を抑制しているからです。

◉ 市街化調整区域の例外

市街化調整区域であっても建物を建てられる場合があります。約50戸以上の住宅が密集している地区が、市街化区域に隣接または近接していて、市街化区域と一体的な日常生活圏を構成していると認められるような場合は、開発許可を得て、通常の住宅を建築することができる場合があります。これを50戸連たん制度といいます。

また、市街化調整区域は農業、林業、漁業といった用途で使用されていることが多いのですが、これらの第一次産業に従事する人々が生活上使用する建築物の建設まで、全面的に禁止されるわけではありません。その他、平成12年の都市計画法改正前は「既存宅地」といって、調整区域の指定前から宅地であった敷地については既得権を認めて建築を認めていました。自治体によっては条例で現在もこの制度を認めている場合があります。

ただし、このような例外事由に該当するか否かの判定にあたっては、専門的な知識が必要になります。また、開発申請の提出も必要となりますので、必ず事前に自治体の窓口で確認しておくことをお勧めします。

■ 建物の建築に対する行政の規制

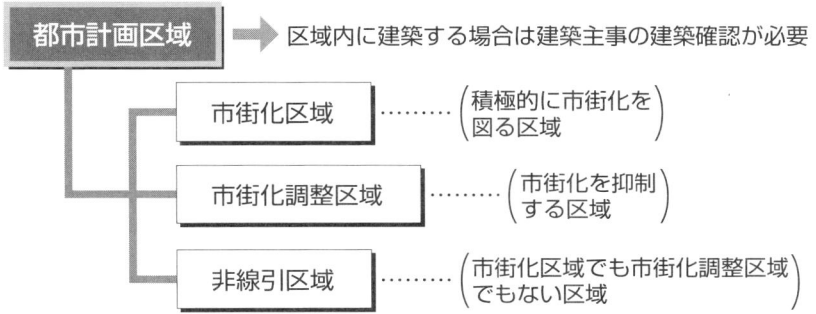

2 用途地域と用途地区について知っておこう

土地の用途が決められている場合がある

● 用途地域について

　都市計画法上、用途地域については、大きく分けて、住居系、商業系、工業系の3つに分けられ、さらに12の地域に分けられています。

・(第1種・第2種) 低層住居専用地域

　低層住居専用地域は、用途地域の中で最も良好な住環境をめざすものです。そのため、建ぺい率・容積率・建物の高さ・隣地との関係等について、非常に厳格に規制されています。第2種低層住居専用地域では、第1種に比べて若干規制が緩和されています。

・(第1種・第2種) 中高層住居専用地域

　中高層住居専用地域は中高層住宅の良好な住環境を守るための地域です。絶対的高さ制限がないので、容積率によっては4階以上のマンション等が建設できます。1種と2種の違いは、住居以外の建築できる建物の種類やその広さ、階数の違いです。2種では、3階以上や1500㎡以上の建物でなければ、工場やスポーツ施設等の住環境への影響の大きな物以外の用途はたいてい建てられます。

・(第1種・第2種) 住居地域、準住居地域

　住居地域は、住居専用地域と同じく住環境を保護するために設定される地域ですが、商業用建物の混在も予定しているという点が異なります。第1種住居地域は、商業施設の建設についての配慮から住居専用地域よりも容積率が緩和されています。第2種住居地域では、店舗や事務所の広さの制限は1万㎡以下となり、第1種住居地域では建設できないパチンコ店や麻雀店等も建てられます。準住居地域は第2種住居地域よりも、さらに商業等の業務への配慮が強くなっています。

・商業地域、近隣商業地域

　商業地域は、主に商業等の地域的発展をめざす地域で、都心や主要駅周辺を中心として広域に指定されます。近隣商業地域は、住民の日常生活の需要に応える商業等の発展をめざす地域です。

・準工業地域、工業地域、工業専用地域

　準工業地域は、主に軽工業の工場等の環境悪化のおそれのない工業の発展を図ることを目的とした地域で、工場、一般の住居、集合住宅、商業店舗が混在している場合が多い地域です。工業地域は、主に工業の発展を図るために指定される地域です。住宅の建築は可能ですが、小学校や大学、病院、ホテルといった施設を建築することはできません。工業専用地域は、工業地域よりもさらに工業の発展という目的を徹底した地域で、大規模工業団地等がこれに該当します。

・特別用途地区とは

　用途地域の指定とは別に、特別用途地区が指定されることがあります。これは、特定目的のために各用途地域の制限を部分的に緩和したり厳しくしたりするために設定されるものです。たとえば、トラックターミナル、卸売市場、倉庫等を集中立地させるための特別業務地区、教育上ふさわしくない施設を制限するための文教地区があります。

● 敷地が制限の異なる用途地域にまたがる場合

　建物の敷地が制限の異なる用途地域にまたがっている場合がありますが、この場合には敷地の過半が属している地域の制限がかかります。たとえば、ある建物の敷地に第2種住居地域にかかる部分と、近隣商業地域にかかる部分があり、敷地のうち第2種住居地域にかかる部分が4割、近隣商業地域にかかる部分が6割という場合には、近隣商業地域としての制限がかかります。この場合、建物の位置は関係がありません。建物が敷地のどの位置に建てられたとしても、敷地の過半が属している用途地域によって制限がかけられます。

3 建ぺい率と容積率の制限を知っておこう

土地いっぱいに建物を建てられるわけではない

● 建ぺい率と延べ面積・最大延べ面積について

　建築基準法は、用途地域ごとに建ぺい率を定めて建物の規模を制限することで、良好で安全な環境を維持しようとしています。

　建ぺい率とは、敷地面積に対する建物の建築面積（建物を真上から見た水平投影面積）の割合のことです。建ぺい率を求める数式は、建ぺい率＝建築面積÷敷地面積、になります。建ぺい率は、用途地域別に定められています。

　延べ面積とは、建物の各階の床面積の合計のことをいいます。すべての階の床面積を合計したものが延べ面積になります。また、敷地面積に容積率の限度を掛けた数値が最大延べ面積になります。

　なお、敷地に対して最も延べ面積を大きくした数値が最大延べ面積になります。

● 容積率の限度と延べ面積の特例

　容積率とは、建築物の延べ面積の敷地面積に対する割合のことです。建築物の容積率は、都市計画で用途地域別に定められた容積率の限度以下にする必要があります。具体的には容積率は、29ページの表に示す数値以下にする必要があります。建築基準法では、容積率を分数で表示しますが、一般には「％」で表示されています。容積率は、容積率＝延べ面積÷敷地面積、の数式で、また、最大延べ面積は、最大延べ面積＝敷地面積×容積率の限度、の数式で求められます。

　延べ面積には、通常使用する延べ面積と、容積率を算定する際に使用する延べ面積の2種類があります。容積率を算定する際に用いる延

べ面積には、一定の数値を限度として延べ面積に算入しないことがあります。まず、自動車の車庫等や地階の住宅部分の床面積は一定の場合に、容積率算定上の延べ面積から除外されます。さらに、共同住宅の共用の廊下や階段の床面積は、容積率算定上の延べ面積から除外されます。

■ **用地地域ごとの容積率**

① 第1種低層住居専用地域か第2種低層住居専用地域内の建築物
　10分の5、10分の6、10分の8、10分の10、10分の15、10分の20のうち、地域に関する都市計画において定められた数値

② 第1種中高層住居専用地域か第2種中高層住居専用地域内の建築物、第1種住居地域・第2種住居地域・準住居地域・近隣商業地域・準工業地域内の建築物
　10分の10、10分の15、10分の20、10分の30、10分の40、10分の50のうち地域に関する都市計画において定められた数値

③ 商業地域内の建築物
　10分の20、10分の30、10分の40、10分の50、10分の60、10の70、10分の80、10分の90、10分の100、10分の110、10分の120、10分の130のうち地域に関する都市計画において定められた数値

④ 工業地域、工業専用地域内の建築物
　10分の10、10分の15、10分の20、10分の30、10分の40のうち地域に関する都市計画において定められた数値

⑤ 高層住居誘導地区内の建築物であって、その住宅の用途に供する部分の床面積の合計がその延べ面積の3分の2以上である場合
　建築物がある第1種住居地域、第2種住居地域など②で定めた数値から、その1.5倍以下で建築物の住宅の用途に供する部分の床面積の合計のその延べ面積に対する割合に応じて算出した数値までの範囲内で、高層住居誘導地区に関する都市計画において定められた数値

⑥ 用途地域の指定のない区域内の建築物
　10分の5、10分の8、10分の10、10分の20、10分の30、10分の40のうち、特定行政庁が土地利用の状況等を考慮し、区域を区分して、都道府県都市計画審議会の判断を経て定める数値

容積率の制限は、用途地域で定められた制限の他に、前面道路が12m以下である場合には、道路幅による制限もあります。前面道路の幅員のmの数値に、用途地域によって定められた、一定の割合を乗じた数値以下でなければならないとされています。この場合の容積率は、用途地域による数値と、道路幅の制限による数値を比べ、より厳しい方の数値を取ることとされています。

　幅員15m以上の道路を特定道路といいます。特定道路に接続する6m以上12m未満の道路に接する建築物で、特定道路から70m以内にある建物については、容積率に関する規制が緩和されます。具体的には、建物と接する道路（前面道路）の幅に一定の割増しを行い、容積率を加算します。また、建築物の敷地が計画道路に接しており、特定行政庁が許可した建築物については、計画道路を前面道路とみなして容積率を計算することができます。この場合は、計画道路がかかる部分の面積を敷地面積から除外します。

● 外壁を後退させるルールがある

　第1種低層住居専用地域や第2種低層住居専用地域内においては、建築物の外壁や柱の面から敷地境界線までの距離（外壁の後退距離）は、都市計画において外壁の後退距離の限度が定められた場合には、原則としてその限度以上に後退させる必要があります。この外壁の後退距離が決められた場合に建物を建てる場合には、境界線から1mまたは1.5m分、外壁を離す必要があります。

● 敷地面積の最低限度について規定がある

　建築物の敷地面積については、都市計画において用途地域ごとに建築物の敷地面積の最低限度を定めることができます（建築基準法53条の2）。ただし、その最低限度は、200㎡を超えてはならないとされています。

4 斜線制限や日影規制もある

建築物の高さには制限がある

● 日照や通風を守るための規制

アパートなどを建築する場合、以下のような高さの制限についても注意しなければなりません。

① **高さ制限について**

高さのある建築物が建築されると、日照や通風が阻害され、周囲の環境を悪化させる恐れがあります。そのため、建築基準法では建物の高さを制限しています。まず、低層住居専用地域等では「絶対高さの制限」があり、建築物の高さを地盤から一定の高さ以内に制限することをいいます。具体的には第1種・第2種低層住居専用地域では良好な住環境を保護するため、原則として建築物の高さは10mまたは12mを超えてはならないという絶対的な高さ制限が加えられています。

② **道路斜線制限について**

道路斜線は、道路上空の建物を建てられる部分を制限して、採光や通風を確保するための制限です。32ページの図を例に考えてみましょう。まず、敷地と道路の境界線上（32ページの図のB）に道路幅（32ページの図では4m）に対して1.25倍（商業、工業系の地域では1.5倍）の長さの垂線を引きます。次に、この垂線の終点に向かってAから斜線を引きます。このとき、Bから引いた線の終点とAから引いた斜線が交わる点をXとすると、ABXの三角形ができます。このAXの直線をさらに上空に向かって延長した先をPとします。このAPの線を「道路斜線」といい、容積率に応じて定められた距離の範囲（32ページの図では20m）にある建物は、道路斜線の下に収まっていなければならないというのが「道路斜線制限」です。図では、道路斜線から上

空に突き出した部分（図のOの部分）が制限を超えていることになります。なお、道路斜線制限については、一定の条件における緩和措置や特例が設けられていますので、建物を建てる場合には事前に調べておくことが必要です。

③ 隣地斜線制限について

隣地間で近接した建物の通風や日照を確保するための高さ制限に「隣地斜線制限」があります。隣地斜線制限が適用される地域は、12種類の用途地域のうち、隣地斜線制限よりも厳しい絶対的高さ制限のルールがある第1種低層住居専用地域と第2種低層住居専用地域を除く10種類の地域です。

具体的には、住居系の地域の場合、建物の高さ20mを超える部分について、傾斜が1：2.5の斜線の範囲に収まるように建築しなければなりません（33ページ図a）。商業系・工業系地域の場合、建物の高さ31mを超える部分の傾斜が1：2.5の斜線の範囲に収まるように建

■ 道路斜線による制限

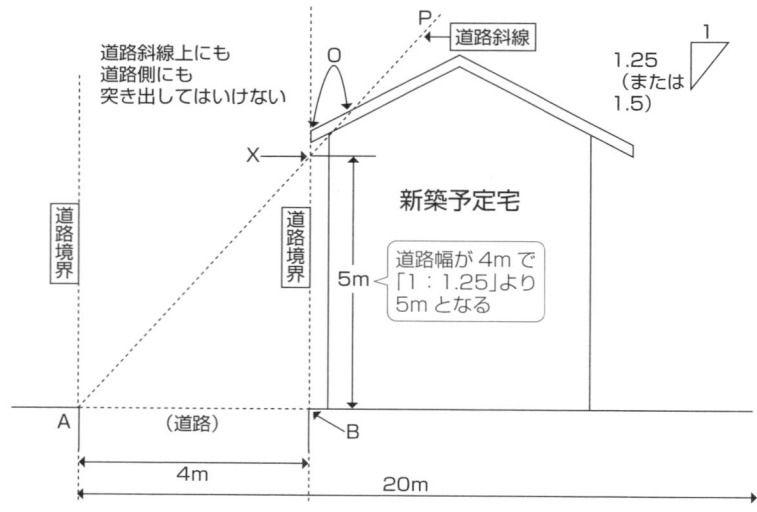

築しなければなりません（33ページ図ｂ）。

　また、隣地境界線から後退して建物を建てる場合、隣地斜線制限が緩和されます。隣地境界線から後退した場合、後退した分だけ隣地側に離れた所から斜線を立ち上げます。道路斜線と違うのは、20m（31m）の立上りから上で後退すれば、その分だけ隣地斜線から離れ、その離れた分が緩和されたことになり、より高い建物が建てられます（33ページ図ｃ）。また、建築物の敷地が公園、広場、水面等に接する場合にも、緩和措置があります。さらに、建築物の敷地の地盤面が隣地の地盤面より１ｍ以上低い場合には、その建築物の敷地の地盤面は、高低差から１ｍを引いた数値の２分の１だけ高い位置にあるものとみなします。

■ **隣地斜線制限のイメージ**

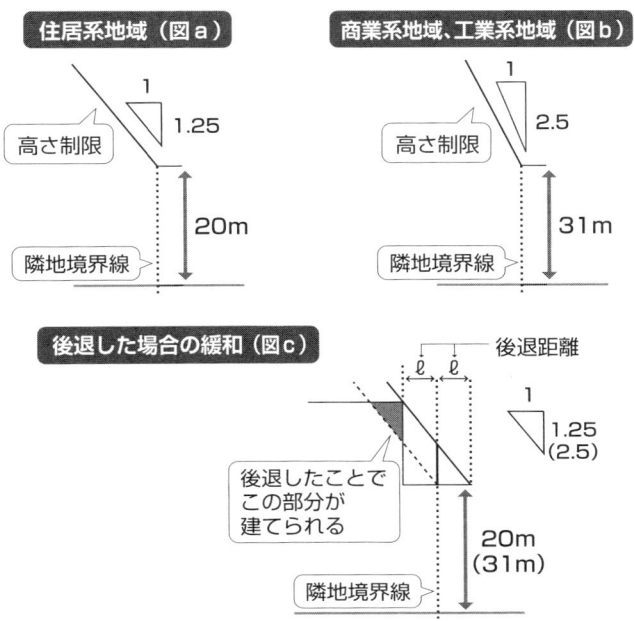

第２章　建築基準法の基礎知識

④ 北側斜線制限について

「北側斜線制限」とは、北側にある隣地の日照を確保するための建物の高さ制限です。北側斜線の制限があるのは低層住居専用地域と中高層住居専用地域です。低層住居専用地域の場合、真北方向の隣地境界線について、地盤面から5mの高さを起点に傾斜が1：1.25の斜線の範囲に収まるように建築しなければなりません。また、中高層住居専用地域の場合、地盤面から10mの高さを起点に傾斜が1：1.25の斜線の範囲に収まるように建築しなければなりません（下図参照）。

ただし、一定の場合に緩和する措置も認められていますので、事前に調べることが大事でしょう。

⑤ 日影による高さ制限について

「日影規制」は、中高層建築物によって日影が生じる時間を制限し、周囲の敷地にある建築物が一定の日照時間を確保できるようにする規制です。建築物の周辺に生じる日影を規制することで、間接的に建築物の形態を規制しています。日影規制は、全国一律に適用されるものではありません。地方の気候や風土にあわせて、都道府県や市町村等の地方公共団体が条例によって日影時間を指定します。

■ 北側斜線制限のイメージ

第1種・第2種低層住居専用地域

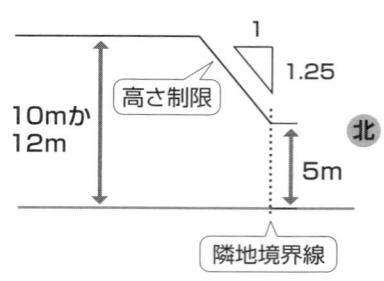

第1種・第2種中高層住居専用地域

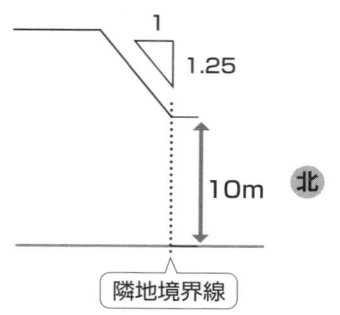

5 道路をめぐる法律を知っておこう

たくさんの法規制がある

● 道路に関する法規制について

　道路は、一般公衆の通行に利用される物的施設ですから、高い公共性を持っています。道路法では、道路に関する禁止行為を規定したり、道路を構成する敷地、支壁その他の物件については私権を原則として行使できないとする制限規定を設けています。そのため、道路拡張の計画がある場合や、4m未満の狭い道路に面した敷地等では、自分の土地が規制の対象となる道路にあたる場合には、自由に使うことが許されなくなる場合もあります。

　「公道」とは、行政が一般交通に利用させるために提供する道路のことで、国道、都道府県道、市町村道等があります。公道は、その公共性から規制が課せられますので、民法等の私法の規定がそのまま適用されるわけではありません。

　これに対して、「私道」とは、公道以外の道路で、その土地を所有する私人が管理している道をいいます。私道は一般には公道のように道路法等の法律の規制を受けません。しかし、法律の規制を全く受けないというわけではありません。私道に対して道路位置指定（建築基準法の接道義務の要件を満たすために都道府県知事や市区町村長によって行われる指定のこと）がなされると、その私道は建築基準法上の道路となって、建築基準法上の規制を受けることになります。これを「位置指定道路」といい、建築基準法上の道路として扱ってよい代わりに特定行政庁（建築主事を置いている市区町村の区域においては市区町村長、建築主事を置いていない市区町村の区域においては都道府県知事のこと）による変更や廃止に関する制限を受けることになり

ます。

◉ 敷地と道路との関係

　私たちは日々道路を利用して生活していますが、周りの家々に目を配ると、多くの場合、敷地が道路に面していることがわかります。これは接道義務というものを課して建築を規制しているためです。「接道義務」とは、都市計画区域内にある建築物の敷地に対して課される、原則として、車がすれ違うために最低限必要な幅員４ｍ以上の道路に、２ｍ以上接していなければならないというルールのことです。４ｍの幅があれば、緊急時にも消防車や救急車が通行することができます。

　したがって、住宅やビル等を建てようとするときは、建築基準法の接道義務に違反しないことを事前に確認しなければならないのです。

　なお、位置指定道路として、土地を建築物の敷地として利用するために、道路法や都市計画法によらないで道を造ることができます。位置指定道路の他に、指定道路と呼ばれることもあります。道路を造ろうとする者が特定行政庁に対して申請を行い、指定された道路は私道になります。この道路の基準としては、第一に両端が他の道路に接している必要があります。また、袋路状の道路の場合には、幅員が６ｍ以上であること、幅員が６ｍ未満である場合には長さが35ｍ以下であること、道路の端が車の転回に支障がない広い部分と接しているといった条件を満たさなければなりません。同一の平面で交差・接続するような場所は、角地に隅切りを設けることが必要です。また、階段状ではなく勾配は12％以下にして、排水に必要な側溝を設けなければなりません。隅切り部分については、道路法上の道路でなければ、敷地面積に算入しますが、建物を建てることはできません。

　建築基準法42条２項に規定されている「都市計画の策定時から存在して、建築物が立ち並んでいる、幅員が1.8ｍ以上４ｍ未満の道路」があり、２項道路と呼ばれています。この道は、原則として道路中心

線から2mのセットバック義務（壁面後退）を負うものです。セットバックとは、道路の幅員を4m確保するために敷地の一部を道路部分として負担する場合の当該負担部分のことで、より簡単にいえば、道路の境界線を後退させることです。敷地に面している道路が2項道路かどうかについては事前に行政窓口での調査が不可欠です。また、セットバックについては例外もありますので、あわせて確認しておくとよいでしょう。

なお、この2項道路の指定についてどうしても不服がある場合は行政不服審査といった手続きや、訴訟をすることも考えられます。

■ 2項道路の境界線

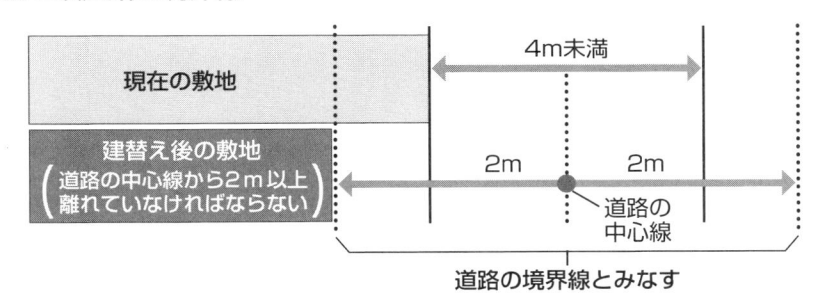

- 現在の敷地
- 建替え後の敷地（道路の中心線から2m以上離れていなければならない）
- 4m未満
- 2m / 2m
- 道路の中心線
- 道路の境界線とみなす

■ セットバック

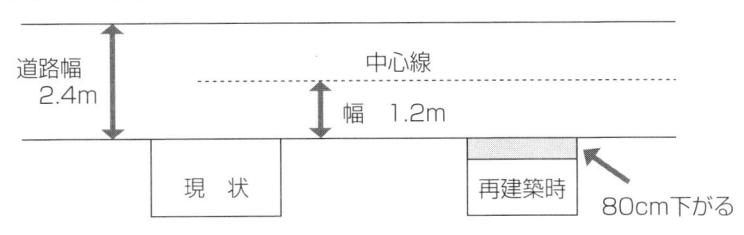

- 道路幅 2.4m
- 中心線
- 幅 1.2m
- 現状
- 再建築時
- 80cm下がる

道の両側のすべての建物がセットバックをしていけば、最終的に道路幅が4mになる

6 防火規制について知っておこう

防火についても考えなければならない

◉ 防火について

　火災から生命・財産を守るためには、建築物に①火災が発生しにくい性能、②近隣からの延焼を防ぐ性能、③安全に避難できることができる性能の3つの性能が備わっている必要があります。建築物にこれら3つの性能を備えることを「防火」といい、建築基準法や都市計画法では防火のための規定が置かれています。

◉ 防火地域・準防火地域について

　「防火地域」は、建築物の防火上の規制が最も厳しい地域です。また、防火地域ほどではないにしても、建築物の防火上の規制が設けられている地域として「準防火地域」があります。

　防火地域は主に駅前や主要幹線道路沿い等の地域です。それらの地域には人やビルが密集しており、災害時には甚大な被害が発生するおそれがあります。そこで、防火地域内の建築物は防火上の性能が高い

■ 防火の目的

①建築物の耐火性確保	②延焼防止	③避難性確保
耐火性の高い建築資材を用いる	防火地域を定める　延焼対策を定める	避難経路の確保

↓

防　火

耐火建築物もしくは準耐火建築物にします。

耐火建築物か準耐火建築物かの判断は建築物の規模によって決まります。具体的には３階建て以上の建築物または各階の床面積の合計が100㎡を超える建築物は耐火建築物にしなければなりません。これ以外の規模の建築物の場合は準耐火建築物になります。

準防火地域は主に住宅密集地です。耐火建築物としなければいけないのは４階建て以上の建築物または各階の床面積の合計が1500㎡を超える建築物です。耐火建築物または準耐火建築物としなければいけないのは３階建て以下でかつ各階の床面積の合計が500㎡超1500㎡以下の建築物です。地上３階建ての建物でかつ各階の床面積の合計が500㎡以下の建築物は耐火建築物、準耐火建築物または「防火上の技術的基準」に適合する建築物としなければなりません。なお、木造建築物は、外壁や軒裏等は防火構造でなければなりません。

◉ 耐火建築物・耐火構造について

「耐火建築物」とは、主要構造部が耐火構造である建物や、屋内で

■ 準防火地域の建築制限

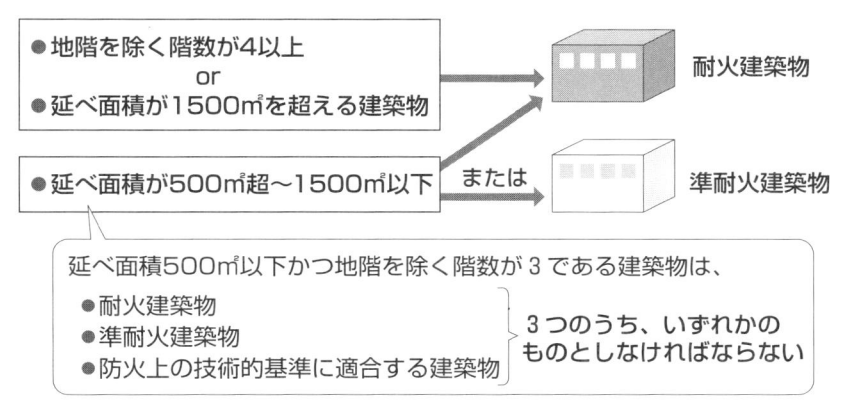

- 地階を除く階数が4以上
  or
- 延べ面積が1500㎡を超える建築物

→ 耐火建築物

- 延べ面積が500㎡超〜1500㎡以下

または → 準耐火建築物

延べ面積500㎡以下かつ地階を除く階数が3である建築物は、
- 耐火建築物
- 準耐火建築物
- 防火上の技術的基準に適合する建築物

3つのうち、いずれかのものとしなければならない

発生した火災や周囲で発生した火災の熱によっても主要構造部が耐えられる建物のことをいいます。

「耐火構造」とは、火災が収まるまで建物が倒壊・延焼しない性能（耐火性能）をもつ建築物の構造のことをいいます。「耐火性能」は、非損傷性、遮熱性、遮炎性になります。「非損傷性」とは、柱や壁等が火災による火熱で、変形や溶融等の損傷が生じない性能のことをいいます。「遮熱性」とは、壁や床に火災による熱で、熱面以外の面が、可燃物が燃焼する温度以上に上昇しない性質のことをいいます。「遮炎性」とは、外壁や屋根が、屋内で発生した火災による火熱で、屋外に火炎を出すような亀裂を生じない性質のことをいいます。

◉ 準耐火建築物・準耐火構造について

「準耐火建築物」とは、主要構造部が準耐火構造であるか、準耐火性能をもち、主要構造部に防火上の措置がなされた建物で、外壁の開口部で延焼のおそれのある部分に遮炎性能をもち、防火設備が備えられたもののことをいいます。

「準耐火構造」とは、壁や柱等が火災による延焼を抑制する準耐火性能をもっている構造のことで、耐火性能と同様に非損傷性、遮熱性、遮炎性の3つの基準から判断されます。

◉ 防火・延焼を防ぐための様々な規制がある

準防火地域に木造建物を建てる場合は、以下のような規制が設けられています。
・屋根を不燃材するか葺く、もしくは耐火構造とする。
・延焼を防ぐため、耐火性能を備えた外壁とする。
・開口部など延焼のおそれのある部分に防火設備を設ける。

7 建築確認について知っておこう

民間の事業者も手続きを行う

● 建築確認申請とは

　建築確認が不要な建物を除いて、建物の工事に着手する前に建築主が建築確認申請を行わなければなりません。

　建築確認の申請は、建築主が建築主事または指定確認検査機関に申請することで行います。建築物の設計や工事の監理は建築士が行います。建築士には一級建築士、二級建築士、木造建築士という種類があり、建築する建物の種類によってどの建築士が設計・工事監理できるかが異なります。二級建築士と木造建築士はそれぞれ設計・工事監理できる建物が制限されています。なお、確認申請は、建築士が建築主の委任を受けて、代理で申請するケースがほとんどです。

● 建築確認の手続きと必要書類

　建築確認の申請を行う際には、確認申請書と設計図書を提出します。設計図書の内容としては、平面図、立面図などの図面の他、建築計画概要書、構造計算書などがあります。

　建築主から建築確認の申請があった場合、建築主事は一定期間内に建築計画が法令に適合するものであるかどうかを審査します。この期間は、一～三号建築物（特殊建築物や大規模建築物）であれば35日以内、四号建築物（その他の建築物）であれば7日以内になります。審査の結果、計画が法令に適合するものであることが判明した場合には、建築主事や指定確認検査機関は建築主に対して確認済証を交付します。

　建築確認の手続きを経た結果、建築計画が法令に適合しないものであることが判明した場合や、申請書の内容からは法令に適合している

かどうかがわからない場合には、手続きが中断します。この場合、建築主は、期限内には確認ができないことについて、建築主事や指定確認検査機関から通知書の交付を受けることになります。

◉ 構造計算適合性判定

　建築確認の申請が行われた建物のうち、一定の条件を満たす建物に対しては、構造計算適合性判定を実施する必要があります。耐震偽装事件の反省から、一定の条件の建築物は、第三者による構造計算書のチェックを行うことになったのです。この構造計算適合性判定は原則として構造計算適合性判定を求められた日から14日以内に行います。

◉ 工事完了検査

　建築主は、建築確認の申請をした建物の工事を完了した場合には、建築主事や指定確認検査機関に対して検査を申請する必要があります。この申請は工事が完了した日から4日以内に行わなければなりません。建築主事や指定確認検査機関は、この申請を受理した日から7日以内に建物が法令に適合しているものかどうかの審査を行わなければなりません。そして、建物が法令に適合していると認めた場合には建築主に対して検査済証を渡します。

　原則として、一号～三号については、検査済証を受け取った後でなければ使用することができません。なお、完了検査は、建築確認や中間検査を行った機関とは別の機関に申請することが可能です。

◉ 計画変更について

　建築確認を受けた建築物の計画を変更する場合には、原則として再確認が必要になります。ただし、軽微な変更の場合には、再確認が不要になる場合もあります。

第3章

賃貸借契約締結における法律知識

1 借家契約の種類について知っておこう

最近は定期借地契約の利用も増えてきている

● 借家契約では借地借家法が適用される

　借家契約とは、建物の賃貸借契約のことです。借家契約においては、家賃、賃貸の目的、契約期間、転貸の有無といった事情を規定しておくことが重要です。借家契約は長期間にわたるものですから、貸主と借主の間の双方の信頼関係を基礎として成立します。建物の貸主は、借主に建物を使用させる義務を負います。一方、借主は、賃料を支払い、契約で定めた用法に従って善良な管理者としての注意（借主として通常期待されている程度の一般的な注意義務のこと）をもって使用しなければなりません。

　借家契約については、借主保護のために民法に優先して借地借家法が適用されます。

① 　借家契約の存続期間

　借家契約の存続期間については、法律上は貸主と借主の間で自由に決めることができるという建前がとられています。

　ただし、実務上は、2年契約とされることが多いようです。なお、1年未満の期間で契約した場合には、存続期間の定めがない契約とみなされます。

② 　借家契約の更新

　借主を保護するために借家契約は更新されやすいようになっています。契約上の存続期間が満了しても、期間終了の6か月前までに貸主から借主に更新拒絶の通知をしないと、従前の契約と同一の条件で更新したものとみなされます。貸主が更新を拒絶するには貸主の側に正当な事由（正当事由）があることが必要です。正当事由の判断は、借

主に不利にならないように、建物を使用することが必要であるといった事情を中心に考慮され、「従前の経過」や「建物の利用状況や現況」も考慮されます。

③ 借家契約を主張する条件

借主が、借家契約の存在を第三者に主張するには、本来であれば賃借権そのものを登記することが必要ですが、この登記は貸主の協力がないとできないため、実際にはあまり行われていません。そこで、借地借家法により、賃借権の登記をしていなくても、借主が建物の引渡しを受けて居住していれば、第三者にも借家権を主張できるというしくみがとられています。

④ 定期借家権について

借地借家法では、更新のない建物賃貸借が認められています。これを定期借家契約（定期建物賃貸借契約ともいいます）といいます。定期借家契約においては、契約の更新がないことを、公正証書（82ページ）などの書面によって明らかにしなければなりません。

◉ 定期借家契約を利用する際の注意点

定期建物賃貸借とは、賃貸人が賃借人に対して一定期間建物を賃貸した場合において、期間終了後は契約の更新をしない旨を定めた契約をいいます（38条1項）。期間満了後は確実に建物の返還を受けることができるというメリットがあります。また、通常の賃貸借と異なり1年未満の契約も可能です。

定期建物賃貸借は、期間を定めるだけでは足りません。一定の契約要式が定められています（38条1～3項）。

具体的には、①期間の定めがあること、②書面によって契約すること、③契約の更新がない旨を定めること、④あらかじめ賃借人に対し、この建物賃貸借は契約の更新がなく、期間の満了により終了することについて、書面を交付して説明していることが必要です。

また、通常の契約と異なり、「期間中は賃料の減額を請求しない」あるいは「毎年賃料を１％増額する」という賃料改定特約を締結することができます（38条7項）。必要に応じて検討するとよいでしょう。

　なお、契約期間が１年以上である場合、期間満了の１年前から６か月前までに建物賃貸借が終了する旨を通知しなければなりません。これより遅く通知すると、通知した日から６か月後に建物賃貸借は終了します。トラブル防止の観点から、契約締結時に取り交わす定期建物賃貸借契約書の契約条項に入れておくのもよいでしょう（38条4項）。

● 終身建物賃貸借契約とはどのような制度か

　終身建物賃貸借契約は、高齢者が賃貸住宅に安定的に居住することができるしくみとして、「高齢者の居住の安定確保に関する法律」によって設けられた制度です。入居者の資格は居住するための住宅を必要とする60歳以上の高齢者です。

　認可を受けた賃貸住宅は、借地借家法の特例として、高齢者が終身にわたって賃貸住宅を賃借する契約を結ぶことができます。また、賃借人が生存している限り契約は存続し、死亡した時点で契約は終了します。なお、賃借権（借家権）は相続されません。本制度の適用を受ける賃貸事業者は、地方自治体の認可を受けて、終身建物賃貸借事業を実施することができます。認可には設備面の基準として段差のない

■ **終了通知をする時期**

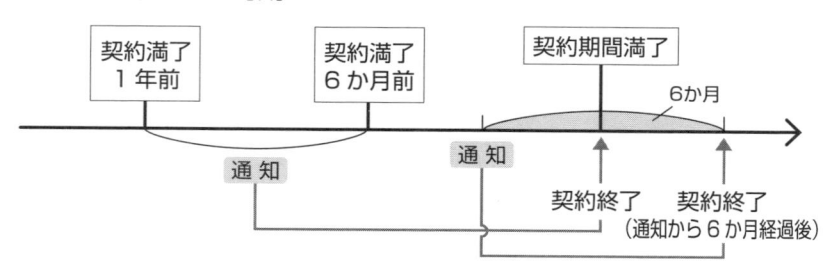

（図：契約満了１年前から６か月前までの間に通知。契約期間満了時に契約終了。遅く通知した場合は通知から６か月経過後に契約終了。）

床や、トイレ・浴室等への手すりの設置などが求められます。
　終身建物賃貸借契約の入居者のメリットとしては、バリアフリー化された住宅に住むことができ、契約期間は終身にわたるため、安心して暮らすことができるという点が挙げられます。賃貸業者のメリットとしては、入居者が死亡した場合に原則として契約が終了するので、賃貸借契約の相続などの手続きが不要になり、相続人への立退料の支払いを回避できるという点があります。また、入居者が長期間住むことになるため、安定した収入が得られます。

書式　定期借家契約終了についての通知

通　知　書

平成○○年　○月　○日

借主（住所）○○県○○市○○町1-1-1
　　　（氏名）　　　　　　　　様

下記物件について　　　年　　月　　日に期間の満了により定期建物賃貸借契約が終了しますので、契約書第○条の規定に基づき、あらかじめご通知申し上げます。

記

名　　称	○○アパート		
所 在 地	○○県○○市○○町1-1-1		
住戸番号	○○○○番	種　類	○○
構　　造	○○○○	床面積	○○.○○

従いまして、本件建物を原状に復した上で、お明け渡しいただきますようにお願い申し上げます。

平成○○年　○月　○日

　　　　　　　　　　住所　　○○県○○市○○町2-2-2
　　　　　　　　　　賃貸人　　　××××　　　　　印

2 契約当事者について知っておこう

契約当事者が誰であるかがトラブルの原因になる場合もある

● 当事者が未成年や認知症の場合にはどうか

契約の当事者をめぐって問題が生じることもあります。

たとえば、未成年者でも保護者（親権者）の同意を得れば借主として契約できます。しかし、保護者の適法な同意がなかった場合は、後で契約が取り消される可能性があります。また、通常身内である保護者が保証人では、実質的に保証人がいないのと同じになります。それらのリスクを回避するためには、保護者を借主（契約当事者）、子供を入居者（実際に住む人）として契約します。そして保証人は保護者以外の人を立ててもらうのがよいでしょう。

認知症の人については、特に症状が深刻な場合には賃貸借契約の当事者（貸主・借主両方）になることができません。重度の認知症で、事理弁識能力（物事の意味や自分の行動の是非を判断できる能力）がない人が結んだ契約は無効になるからです。また、事理弁識能力がない人は代理人を立てて、契約することもできません。重度の認知症の人が契約を結べるようにするには、家庭裁判所に申請して、成年後見人を選ぶ必要があります。

● 代理人がいる場合について

借主に代わって、その代理人が貸主と契約を結ぶこと自体は問題がありません。しかし、代理人が間に入り、本人と直接やり取りしない契約にはリスクもあります。たとえば、不法就労者や暴力団員の居住のために、多重債務者などの名義を使って契約を締結するような場合がそうです。そのようなリスクを回避するには、借主本人と直接会っ

て契約を結ぶのが鉄則です。借主本人との契約を求めても、その求めに応じないようであれば、契約を避けるべきです。

● 当事者がはっきりしないときは登記名義があるかどうか

　親から遺産として建物を相続し、新たに貸主になった人は、相続後すぐにしておくことがあります。建物の所有権移転登記の手続きをして、登記名義を自分に変更することです。日本の法律では、登記名義を変更しなくても、所有権は適法に移転するため、登記名義と実際の所有者が一致しなくても直ちに違法ということにはなりません。しかし、登記名義を変更しておかないと、いざ借主に賃料を請求する時に困る場合があります。借主が「登記名義が違うと、あなたが本当の貸主かどうかがわからない」と言って賃料の支払いを拒絶する場合がそうです。登記名義がないと借主に賃料を請求できません。

● 相続人が複数いる場合や共有物件の場合の当事者

　建物の相続人が複数いる場合、遺産分割協議によって建物の所有者が決まれば、その相続人が貸主になります。一方、遺産分割協議がまとまるまでの間は、建物は相続人の共有物件と扱われます。共有物件の賃貸は、その持分（相続割合）の過半数の賛成があれば実行できます。具体的には、3人の相続人について相続割合が同じであれば、2人以上の賛成があれば賃貸できる計算です。ただ、1人が反対しているのに無理に賃貸すると、相続人間でトラブルが起こる可能性があるので、相続人全員が共同賃貸人になって契約を結ぶのが基本です。共有物件の貸主が誰になるかは、相続人が複数いる場合と同様に考えればよいでしょう。共有持分の過半数の賛成があれば、物件を賃貸できます。ただし、共有者間のトラブルを防止するという意味では、共有者全員が共同賃貸人として契約を結ぶのが望ましいといえます。

3 賃貸借契約において注意すべき点は何か

証拠になるものを確保しておく

● どんな書類が必要なのか

　一般に、貸主はトラブルを予想して賃貸借契約書を作成しているのであまり問題はありませんが、後々借主との間でトラブルを避けるためにも、必要な証拠書類はきちんと保存しておきたいものです。

　書面や写真などを保管しておけば万が一の場合にも証拠を提出することによって自分の立場と権利を守ることができます。証拠の例としては、①賃貸借契約書、②賃貸家屋内部の写真やビデオ、③修繕費用の見積書や請求書、④事の経緯を明記した書類があります。

　まず、賃貸借契約書は契約に関しての基本的資料です。貸主・借主にとって、もっとも重要な書面といえます。万が一手元にないような場合には、少なくとも契約年月日と賃貸借期間、借主の住所・氏名、賃料額、賃借物件の所在地、敷金といった事項を明記した書類を探しておく必要があります。

　原状回復のために、敷金から差引額をめぐってトラブルになることがありますから、修理や修繕が必要になる箇所について家屋の図面に記載し、さらに写真やビデオで撮影しておくのがよいでしょう。写真やビデオも後々のトラブルに備える有効な証拠として使えますから、ぜひ活用するようにします。貸主は、できれば入居前に室内の状況がわかるよう映像に残しておき、その上で、借主の退去時に問題になりそうな箇所を入居時の映像と照らし合わせて撮影しておくことをお勧めします。この撮影は借主立会いの元でできればそれがベストです。

● 契約書を作成する上での注意点

　契約とは、たとえば借家ですと、「ある家を貸したい」という人と「賃料を払って借りたい」という人の意思が合致することによって成立します。当事者の合意があればそれで賃貸借契約は成立しますが、契約書を作ることが必要です。法律が特に要求している場合を除いて作成の形式は自由ですが、手書きではなく、ワープロ書きで作成する場合の方が一般的です。賃貸にあたっての契約書については国土交通省のホームページに掲載されている賃貸住宅標準契約書が参考になりますので、この契約書をベースにして契約書を作成するのがよいでしょう。

　アパートの部屋などを貸す場合には、貸主（賃貸人）は自分で、入居者が借主（賃借人）ということになりますが、借主の保証人も含めて三者間の契約書を作成することもあります。

　契約書に書かなければならない事項、作成にあたって注意すべき事項としては以下のものがあります。

① **使用目的、目的物**

　第1条として、契約の趣旨・目的や目的物の内容を具体的に記載します。前文に盛り込んでしまう場合もあります。

② **契約の内容**

　どんな債権が発生し、どんな債務を負うのかを記載します。期間・賃料など契約の中心となる部分から順に箇条書きに記載します。特約条項については、別に項目を設けて記載しましょう。

③ **作成年月日**

　契約の成立の日を証明する記載として、大変重要です。日付は、契約の有効期間を確定したり、正当な権限の基に作成されているかを判定する基準になるため、実際に契約書を作成した日を記載するようにします。契約が成立した日付を公に証明しておきたい場合には、公証役場で確定日付（その日にその文書が存在していたことを証明する変更のできない確定した日付のこと）をつけてもらうのがよいでしょう。

④　署名押印

　当事者が法人ではなく、個人であれば、その住所を記載し、署名・押印をします。当事者が法人である場合には、本店住所・法人名を記載し、代表者が署名・押印をします。印鑑は、通常は何を使ってもかまいませんが、証明力を強くするには、市区町村（法人の場合には法務局）に登録してある印鑑（実印）で押印するのが望ましいでしょう。

⑤　物件の表示

　契約の対象物が何であるかは重要です。不動産の賃貸借では、物件の表示を記載して対象物件を特定します。この表示は、契約条項中に記載してもかまいません。ただ、物件の数が多いときには、別紙としてつづった物件目録に物件を表記し、契約条項本文では、それを引用するという方法がとられます。物件の特定は、不動産の場合、登記簿に記載された物件の表示を記載して行います。

● トラブル防止のためにこんな規定を置く

　将来争いが生じやすい事項については、あらかじめ適切な規定を設けて置くことが大切です。法律に定めがあるため、契約書への記載の有無に関わらず同じ効果が生じる場合であっても、記載することでより明確にすることができるので、争いの生じやすい事項については、予防のために明文の規定を置いた方がよいでしょう。

①　存続期間

　賃貸借の場合には、存続期間を明記します。

②　契約解除

　契約解除は、解除権の行使によってなされます。法律上解除することが認められているケースとしては、借主の無断転貸（又貸し）や賃借権の無断譲渡が挙げられます。これらは貸主との信頼関係を裏切ることになるため、解除が認められるのです。

　また、個別の賃貸借契約で解除事由を定めることができるので、実

際には契約によって解除事由が定められることになります。

ただ、家や土地は生活の基盤であるため、家賃の不払いや使用方法違反といった事情があっても、軽微なものである場合には解除できないしくみになっています。

③ **保証人条項**

家賃の滞納だけでなく、借主の使用方法違反や不注意による事故などによって思わぬ損害が生じる場合もありますので、通常の契約では連帯保証人を要求するケースが多いようです。

④ **諸費用の負担**

賃料以外の共益費や管理費といった費用や修繕によって生じる費用の負担をどのようにするかは、明確に定めておくべきです。

⑤ **協議条項**

規定外の事項が発生した場合には、当事者間で協議する旨を入れておきます。

⑥ **合意管轄**

裁判を提起する裁判所を指定します。訴えを提起できる裁判所は法律で決まっています。たとえば敷金返還に関する訴えは、入居していた人の住所を管轄する裁判所になりますが、遠方に引っ越したのであれば、裁判のために出向かなくてはなりません。そこで、専属的合意管轄裁判所として、賃貸人の住所を管轄する裁判所を指定すれば、指定された裁判所でしか提起できなくなり出向く必要がなくなります。

■ 契約書を作成する意味

契約をした証拠となる	トラブル防止、裁判での強力な証拠となる
契約遵守	契約書に記載されることにより、口約束のような曖昧さが排除され、契約を遵守する意識が高まる
ルールの明確化	契約書を作ることにより、建物や土地を使用する上での注意事項が明確になる

4 契約期間と更新に気をつけよう

更新拒絶の手続きをしないと更新とみなされてしまう

● 契約の更新とは

　契約の更新とは、期間の定めのある契約（契約書に「契約期間は○年間とする」という条項があるもの）において、期間満了をもって契約が終了した後に、契約を継続させることをいいます。契約の更新には、合意更新と法定更新の2種類があります。

① **合意更新**

　当事者双方が話し合い、納得した上で契約を更新することを合意更新といいます。このとき、契約内容をそのまま維持するか、条件のいくつかを変更するかといったことについても話し合います。

② **法定更新**

　通常、期間の定めのある契約を締結した場合、契約期間が満了すれば契約の効力は失われます。しかし、賃貸借契約については、借地借家法によって特別な規定が置かれています。一方が契約更新を拒否したり、更新を前提に話し合っていても条件が折り合わないまま期間満了を迎えてしまうということもあります。ただ、そのまま契約終了という形になってしまうと、当事者の一方が大きな不利益を被ることがあるため、法律が「自動的に契約を更新した」とみなすことがあります。これを法定更新と呼んでいます。この法定更新は、賃借人を保護するために定められている規定です。賃借人は、賃貸人よりも立場が弱く、生活の基盤となる家を失ってしまうことで賃借人が受ける影響は大きいので、借地借家法により法定更新の規定が置かれています。

　具体的には、借家の場合、期間満了の1年前から6か月前に貸主が更新しない旨を通知すれば更新を拒絶（一定の理由が必要）できます

が、更新しない旨の通知をしなかったときは従前の契約と同一の条件で契約を更新したものとみなされます。

さらに、この通知をしたとしても、期間満了後、建物の賃借人が依然として使用を継続する場合に、建物の貸主が遅滞なく（不当に遅れることがなく）異議を述べなかった場合には、従前の契約と同一の条件で契約を更新したものとみなされます。

つまり、当事者間で契約更新に関する合意がなかったとしても、賃借人がそこに居住を続け、貸主が異議を述べなかった以上、契約は自動的に更新されることになるのです。

● 更新料とは

住居の賃貸借契約書をよく見てみると、多くの場合「契約期間は2年間とする」といった条項が記載されています。このような契約条項のある賃貸住宅に長期間入居しようと思うと、2年ごとに契約更新をする必要があるわけですが、その手続をする際に更新料という名目の費用を請求されることがあります。

更新料に関することを規定した法律は特になく、どのような目的で支払われるかということは明確になっていませんが、地方によっては慣習化されているものです。

そのため、更新時には「更新料を請求できるのが当然」と考えてい

■ 借家契約の法定更新

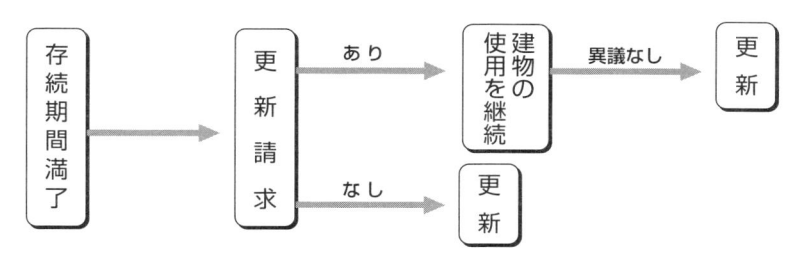

存続期間満了 → 更新請求 →あり→ 建物の使用を継続 →異議なし→ 更新

更新請求 →なし→ 更新

る大家さんも多いでしょう。

　しかし、契約更新に必要な事務手続きといえば、契約書の内容を一部書き換えたり、当事者双方の署名押印をする程度ですから、多額の経費がかかるわけではありません。また、更新料にも相場というものがあります。極端にいえば更新料の授受がない地方もあるくらいです。

　したがって、賃貸経営する地域が、更新料の支払いが慣習的に行われている地域なのか、居住用の更新料の相場はどの程度かなどを月額賃料との関係で検討する必要があります。また、契約締結とその契約が継続されてきた経緯といった個別的な事情も大きく作用します。東京における、居住目的の賃貸住宅の場合の、相場の賃料を前提とする更新料は賃料の1か月～2か月分が多いようです。極端に違和感のある更新料が設定されている場合は、無効の主張や減額の交渉を求められる可能性があります。

　なお、特約の規定が単に更新料の支払いを求めるものではなく、「更新料を支払わない場合は契約の更新をしない」場合のように更新そのものを拒否するような内容であった場合は、借主に著しく不利益を与える内容として無効とされる可能性が高くなります。

● 更新料をめぐる裁判所の判断

　更新料特約の効力については、賃料の補充や前払い、契約を継続するための対価など複合的な性質があり、その支払いに合理性がないとは言えないことを理由として、賃料や契約更新期間に照らして高額すぎるなど特段の事情がない限り、更新料は無効とはならないという最高裁判所の判断がなされています。訴訟では、1年ごとに2か月分の更新料を取る契約条項が不当に高額ではないかが問題とされていたのですが、この契約条項も有効と判断されています。

　この判例を基準に考えれば、賃料の2か月分程度であれば、不当に高額ではないので、更新料の請求が認められることになります。ただ、

「高額すぎる」更新料は無効と判断されることになるので、要求する更新料の金額には注意しなければならないでしょう。

● 更新事務手数料とは何か

賃貸借契約の更新時には、契約更新に費やす書類作成、その他の事務費用がかかります。この費用を更新事務手数料（書換え手数料）といいます。更新事務手数料は、56ページで述べた更新料とは別のものです。更新事務手数料は、契約の更新にかかる事務について、賃貸人が不動産管理業者に依頼するために必要になる費用です。つまり、本来賃貸人が不動産管理業者に支払う費用ですが、その費用を契約で賃借人に負担してもらうということになります。あらかじめ、契約書で合意した以上、更新事務手数料を請求すること自体は問題がありませんが、後で支払いを拒否されないように、契約時に更新事務手数料を請求する趣旨を説明しておくことが大切です。

● 法定更新になると更新料を請求できないのか

更新料を支払う合意があれば、合意更新の場合は、原則として更新料を請求できます。

ただし、合意更新ではなく法定更新の場合にも更新料を請求できるかについては、裁判所の見解は分かれており、更新料を支払う旨の合意は合意更新の場合の約定であり、法定更新の場合には更新料は請求

■ 更新料の性質

更新料の性質
- 実質的に賃料の一部となる
- 貸主を安心させる効果
- 慣習によって金額が決まる
- 高額すぎる更新料は無効

できないという判例もあります。

　また、合意による更新ができず、法定更新になった場合について、契約書に「法定更新の場合にも更新料を支払う」と書いてあれば、更新料を受け取ることはできます。ただし、それ以降は法定更新となり、期間の定めのない契約になるため、更新料の請求はできません。

　「法定更新だから更新料の支払は必要ない」というトラブルを防ぎたい場合、たとえば、「貸主と借主の双方から申し出がなかった場合には、本賃貸借契約は自動的に更新されたものとみなす」という条項を契約書の中に入れておきます。このように、契約期間の満了後に自動的に賃貸借契約が更新されるという内容の条項を契約書に盛り込んでおくことで、法定更新により更新料が請求できなくなるという事態を避けることができます。ただし、この自動更新特約をつければ、何もしなくても合意更新したことになるとは限りません。借主が契約を見直したいと考えていても、その意思を尊重せず、自動的に更新されるという意味合いがあれば、借地借家法では、「建物の賃借人に不利なものは無効」とされており、条項が無効と判断される可能性があります。

　更新は、契約の見直しの機会であると考えて、更新料に関係なく、話し合って、更新する方がよいでしょう。

5 敷金・礼金について知っておこう

入居時に大家側が受け取り、契約終了時に借主側に返還する

● 敷金は契約の終了時に戻ってくるお金

　敷金は、借主が入居する際に、先払いで貸主に預けておく金銭です。敷金を貸主に預けるのは、支払いの滞っている家賃や建物に関する損害賠償債務の担保が必要だからです。また、担保されるのは、賃貸借契約終了時点までの債務に限らず、明渡完了までの債務も含まれます。
　したがって、滞納や室内の損傷がない場合は、原則として敷金は契約が終了したときに全額を返還する必要がありますが、滞納などがあればそれを控除した残金を返還すればよいということになります。
　一方、礼金はアパートを賃貸する際に授受されることが多い金銭です。礼金の大きな特徴は、借主の退去時に返還しないということです。礼金という名称が示す通り、賃貸したことのお礼として借主が貸主に払うものです。

● 敷金の相場はどのくらいなのか

　敷金の制度は日本全国で広く利用されています。しかし、賃貸借契約に敷金を取り入れるかどうかは、借主と貸主双方の間で自由に決めることができます。敷金の額についても特に定めはないので、店舗などでは10か月分という物件もあるようですが、一般的な住宅では家賃の2か月～3か月分程度が相場であるといわれています（東京などの場合）。
　また、主に事務所や倉庫といった、居住用以外の賃貸物件の場合は、敷金の代わりに保証金を要求することがあります。保証金も敷金と同じように、修繕費の他、借主の賃貸借契約に関する義務を補う目的で

貸主に金銭を預けておくものです。

　また、賃貸借契約では契約締結時に謝礼の意味を込めて金銭を支払う礼金の支払が慣行となっている地域もあります。礼金の場合は、完全に貸主のものとなり、契約終了後も返還されることはありません。最近では、敷金や礼金が要らない賃貸物件（ゼロゼロ物件）もありますが、敷金・礼金をゼロとする代わりに家賃を近隣の相場よりやや高めに設定すべきかどうかよく検討する必要があるでしょう。

　また、敷金や保証金、礼金という呼び名は、地域によって用語の意味合いが異なる可能性があります。そのため、賃貸借契約時にはこれらの言葉の意味をしっかり確認し、借主とトラブルにならないようにしておく必要があります。

● 敷金はどんな性格のお金なのか

　敷金は、借主が家賃の支払いを怠ったり、家賃を支払わずにいなくなってしまった場合、未納となった家賃を補うための費用として利用されます。また、部屋の傷や汚れを修理するための費用として利用されることもあります。つまり、敷金は貸主である貸主の立場からすると、一種の保険や担保のようなものとして捉えることができます。

　逆に、借主にとって敷金は、契約終了後に返還されるはずの金銭に

■ 敷金のしくみ

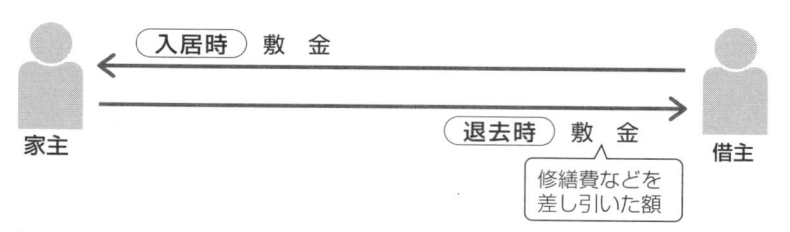

家主 ←（入居時）敷　金　借主
家主 →（退去時）敷　金　借主
　　　　　　　修繕費などを差し引いた額

➡ 判例は、「借主は、賃貸借契約終了時ではなく、明渡しの完了時に敷金の返還を請求することができる」という立場を採っている

なります。このような特徴から、敷金は財産の１つとみなされており、賃借人が破産（債務者が経済的に破たんして債務を弁済することができない場合に申し立てることができる手続きのこと）寸前にある場合には、賃借人の債権者によって差し押さえられることもあります。

敷金は滞納した家賃、その他、あらゆる借主の債務の補てんに利用されますが、敷金を家賃の補てんとするかどうかは貸主が決めることであり、借主が決められることではありません。そのため借主は、経済状況が苦しい場合でも、一方的に敷金を家賃に充ててもらうように要求することはできません。

● 敷金の返還時期について

判例によると、敷金の返還請求権は、賃貸借契約終了時ではなく、借りていた物件の明渡しが完了した時点で発生すると判断されています。そのため、貸主の立場からすると、敷金はあくまで借主によって物件の明渡しが完了した時点で返還することになります。

ただ、敷金の返還をめぐるトラブルを事前に防ぐためには、契約書に契約内容を明確に記載しておくことが肝心です。「敷金の返還は、

■ 契約の際に提供される様々な名目の金銭

名　目	内　容
敷　金	通常、借家契約の際に借主が、家主に対して預けるお金のこと。家賃の滞納や故意による損壊があると、差し引かれる。
権利金	借地権を設定するための対価または借家契約の対価として支払われる金銭。
保証金	契約を守ることを担保するために支払うお金。敷金とほぼ同じ意味で使われることもあるが、貸付金として後で返還されるものもある。
礼　金	借家契約の際に家主に支払う金銭の一種。敷金や保証金と異なり、契約期間が終了しても返還されない。

賃貸借契約の終了時」と大まかに記すのではなく、「物件の明渡しが完了した後、〇日以内に敷金の返還を行う」と明記しておきましょう。

● 敷金でどこまで担保されるのか

　敷金は、後に部屋の修繕費や未払いとなっている家賃の代わりとして利用されますが、実際にはそれ以外にも、借主が立ち退く際のあらゆる経費に使われます。また、家賃の支払が遅れたことによる賠償金（遅延賠償金）も敷金から差し引かれます。敷金から控除できるものは、物件の明渡しまでに必要となった、借主のすべての費用です。

　ただ、敷金から控除できる費用とはどのようなものなのかをめぐってトラブルになることもあります。

　たとえば、貸主は借主の退去後に普通に生活する上で起こった建物の劣化の修繕を行い、次の借主が入居できるようにしておかなければなりません。これを貸主の原状回復義務（160ページ）といいますが、どこまでを原状回復というのか、はっきりと線引きすることは難しいものです。通常の使用に伴う磨耗の分まで敷金から差し引かれたのでは借主から見ればたまったものではないということになります。

　退去時に返還される金額についても、借主と貸主間でよく争いになりやすい問題の種となっています。実際、敷金の返還をめぐってトラブルになるケースもありますので、「もしかすると自分も余分に敷金から引かれているのではないか」と、疑う借主が多くなるのも仕方のないことです。

　そのため、貸主が敷金を返還する際には、敷金から控除した費用の明細を借主に渡しておくとよいでしょう。

Q 入居者をフリーレントで募集する場合、どんなことに注意すればよいでしょうか。

A フリーレントは、入居当初の数か月分の賃料を０円にする賃貸借契約のことです。賃貸物件の入居時には、仲介手数料、引越費用、敷金など多くの初期費用がかかります。近年「敷金・礼金ゼロ」のゼロゼロ物件を見かけますが、初期費用をおさえることで、多くの入居者を呼び込む狙いがあります。フリーレントも、「敷金・礼金ゼロ」と同様に、入居者を集める目的で利用されます。賃貸人の立場からすれば、空き室にしておくくらいであれば、無料で貸しても同じという面もあります。昔は、事業用賃貸物件についてのみフリーレントが利用されていましたが、近年では、居住用物件についても、入居者を呼び込むための選択肢の１つとしてフリーレントが活用されています。

　フリーレントにはリスクがあります。最大のリスクは、短期間で入居者に退去されてしまうと収益が赤字になることです。フリーレント期間の終了後に退去されてしまうと、ほとんど収益が得られない一方で、賃貸人は退去に伴う修繕費等の費用を負担しなければなりません。

　したがって、フリーレントを利用する場合は、一定期間住み続けることを条件にします。具体的には、契約書に、契約期間中の中途解約を認めない旨の条項を設けておきます。

　そして、入居者が条件に違反し、契約を中途解約した場合は、違約金を支払う旨の条項も用意しておきます。違約金の額は、フリーレント期間の賃料相当額以上の金額にします。また、無料にするのは「賃料本体」だけにして、共益費等の実費相当分は入居者に負担してもらうようにします。

Q 借主に借金があったようで、借主の債権者が敷金返還請求権に対して差押を行ったようなのですが、賃貸人としてはどうすればよいのでしょうか。

A 賃借人が金融機関から借金をしていると、金融機関が賃借人の敷金返還請求権を差し押さえることがあります。敷金は借主にとって財産の1つとみなされています。そのため、敷金は差押の対象となる場合があります。

　もっとも、敷金返還請求権を差し押さえるという通知が裁判所から来たとしても、賃貸人の権利が左右されるわけではありません。貸主には、貸主として敷金を利用する権利があるため、敷金の請求権が差し押えられたとしても、賃貸借契約が優先されることになります。もし、問題となっている借主が家賃を滞納していたり、部屋の修繕を行わなければならない場合には、敷金からそれらに必要となった金額を引いた後の残額を、税務署や借主の債権者へと引き渡せばよいのです。

　ただし、賃借人に敷金を返還してしまうと、金融機関が返還された敷金を手に入れることができなくなり、賃貸人はもう一度敷金を金融機関に支払うという、二重払いを強いられるおそれがあります。敷金債権が差し押さえられた後に、賃貸人が賃借人に敷金を返還することは禁止されています。そのため、差押を無視して賃貸人が賃借人に敷金を返還しても、そのことを、差押をした金融機関に主張できず、金融機関から請求されれば賃貸人は敷金分の金銭を金融機関に支払う必要があります。ただし、差押が競合したような場合には、供託しなければなりません。

　なお、改正が検討されている民法において、敷金についてのルールを民法に明文化する動きもあるようです（平成26年8月現在）。賃貸人としては、このような改正法の動向にもあわせて注目しておく必要があるでしょう。

6 禁止事項について知っておこう

賃貸借契約を解除される可能性がある

● 借家の譲渡・転貸とは

アパートやマンションの部屋の賃貸借契約を締結し、その部屋の賃借権を譲渡する場合や、部屋を転貸する場合には、貸主の承諾を得る必要があります。たとえば、Aが所有するアパートの部屋をBが借りていたとします。このとき、BはAに対して建物を賃借する権利を有していますが、この賃借権をCに譲渡することが賃借権の譲渡になります。また、BがAから借りている建物をCに又貸しすることが転貸になります。

● 賃借権の譲渡や転貸が問題になるケース

賃借権の譲渡や転貸を貸主に無断で行った場合には、原則として貸主は賃貸借契約を解除することができますが、信頼関係を破壊しない特別な事情があれば解除はできません。

たとえば、アパートの部屋を借りていたが長期の海外出張のため友人に部屋の掃除や郵便物の整理をしてもらっているにすぎないといった場合には、その友人はその部屋を利用しているわけではないので、賃借権の譲渡や転貸が問題になる可能性は低いといえます。しかし、友人がその部屋に宿泊し、その友人は借主に対して賃料を支払っているという場合には、部屋の転貸がなされていることになります。そのため、借主は貸主に無断でその部屋を転貸していることになりますので、原則として貸主は賃貸借契約を解除することができます。ただし、ごく短い間だけ借主が友人に建物を貸していたにすぎない場合には、借主と貸主との間の信頼関係が破壊されていない特別な事情があると

して、賃貸借契約の解除が認められない可能性があります。

● 承諾料とは問題解決のためのお金

　承諾料とは、ある条件を飲んでもらう代わりに支払うお金です。

　承諾料は、契約において貸主が禁止していたことを、金銭の支払いを条件として、認めてもらおうという広い概念のものですが、どのような場面で発生するかによって、ある程度、種類を分けて考えることができます。承諾を要する場面としては、借りているアパートやマンションの部屋の増改築、部屋の譲渡や転貸などがあります。

　マンションの部屋を貸し借りするときは、賃貸借契約を結びますが、多くの場合は増改築を禁止する条項が置かれています。仮に、このような条項がなかったとしても、賃借人が勝手に増改築をすることは違法です。

　たとえば、購入したマンションの部屋を他人に貸したとします。貸主の知らない間に室内の壁が勝手にピンク色に変更されたり、和室だったのが洋室になっていたりしたということがあっては困ります。したがって、マンションの建物賃貸借契約では、承諾料を払う、払わないという次元ではなく、増改築を全面的に禁止しているのが通常です。

　また、譲渡や転貸の問題もあります。譲渡とは、賃借人が賃借権を他人に譲り渡すことをいいます。転貸とは、賃借人が、借りている物を又貸しすることをいいます。貸主は賃借人の人柄や経済状況を信頼して貸しているのであり、賃借人がいつの間にか変わってしまっていては困るので、原則として譲渡や転貸は認められません。ただ、承諾料を支払うことによって、転貸や譲渡を認めてもらえることもあります。この場合の譲渡の承諾料のことを、名義書替料ということもあります。

　使用状況の変化に伴うものとしては、自宅用として借りていたにも関わらず、事務所の看板を出す、あるいは一部を店舗として使用するといったケースが考えられます。もっとも、法律上問題になるような

使用はできませんが、法律の範囲内であれば、貸主と賃借人の合意があれば使用方法の変更を認めてもらうこともできるでしょう。

承諾料の相場について、借家の場合には借地のような規定がないため、相場というものが考えにくく、当事者の話合いによることになります。貸主が拒否すればそれまでです。

● 事前に通知してもらうようにしておく

貸主に特に禁止することではないが、貸主が何かをする前に、通知してもらった方がよいことがあります。たとえば、壁の色を変えたい、床のクロスを張り替えたいといったリフォームや、合い鍵を作りたい、ドアの鍵を替えたいなど防犯上の要望などです。このような変更は、退居時の原状回復の問題にもつながるので、事前に通知してもらい、承諾がないとできない旨の規定を設けるようにした方がよいでしょう。

また、長期に渡って部屋を開ける場合に、事前に通知することを定めておくことも、防犯上の対策をするために有効です。その他、結婚

■ 賃貸人が承諾を検討する主なケース

建物の増改築
年月の経過や賃借人の家族構成の変化による増改築の必要性

譲渡・転貸
居住者の変更を受け入れるかどうか

使用状況の変化
業務用物件としての利用や営業方法の変更を承諾するかどうか

環境の変化
他人の通行を認めるかどうか※など

※「他人の通行を認めるかどうか」とは、自分の住んでいる場所から公道に出るためにやむを得ず他人の土地を通らなければならない場合、承諾料を支払って通らせてもらうというようなケースのこと。

や、子供の誕生などで同居人が増えた場合も、経済状況が変わりますので、事後になったとしても連絡をもらった方がよいでしょう。

◉ 契約内容を変更するときの注意点

　契約内容を変更すること自体は一向にかまいません。契約内容の変更も「変更契約」という１つの契約ですから、一方的に条件を変更することはできませんが、賃借人の承諾（賃借人との合意）があれば契約を変更することができます。

　たとえば賃料を増額したいと思っても、賃借人が応じなければそれまでです。そのため、将来において契約内容を変更すべき理由があるときは、最初から特約をしておくべきでしょう。たとえば、建物の老朽化による大修繕を将来しようと思っているのであれば、5年後や10年後に賃料を改定する旨の特約をしておくことは、受益者負担の観点からも合理的だといえます。

　また、契約の更新時に、契約内容を、通常の賃貸借契約から定期借家契約に変更することもできないわけではありません。

　ただ、賃借人にとっては不利になるわけですから、慎重な手続きが求められます。また、定期借家契約は、書面の作成、契約で定めるべき内容と説明義務について、一定の要式が定められているため（45ページ）、定期建物賃貸借であることを契約書に記載しただけでは、賃借人から「説明を受けていない」あるいは「書面の交付を受けていない」といわれ、従来と同様の契約とされかねません。

　そこで、定期借家契約に変更するにあたっての書類の受渡しや説明をし、理解を得た上で、手続きを経た旨の賃借人の署名をもらうようにすることが必要です。

7 保証契約と家賃保証について知っておこう

賃料などが支払われない場合には保証人が代わって支払うことになる

● 保証人の役割は何か

　保証は、本来の債務（これを「主たる債務」と呼びます）が返済されない場合に、保証人が代わって返済することを約束することです。

　賃借人の債務には、家賃支払義務、損害を与えた場合の賠償義務、契約終了時の明渡し義務があります。これらの義務が果たされない場合、保証人が家賃の支払いや賠償をしなければなりません。

　保証には普通の保証と、普通の保証よりも保証人の責任が重い連帯保証があります。保証をする場合には、債権者と保証人の間で契約を結ぶ必要があります（これを保証契約と呼びます）。保証契約は書面で締結する必要があります。

　また、当初の借家契約期間が終了しても、契約が更新された場合、保証人の保証義務も引き続き継続するというのが判例の立場です。

● 保証人と連帯保証人の違いは重要である

　保証には、普通の保証と連帯保証とがあります。いずれも債務者が債務を履行できない場合に、債務者に代わって保証人が債務を履行する責任がある、という点では同じです。しかし、債務が履行されない場合、保証人は債務者より先に債務の履行を要求されることはありませんが、連帯保証人には、債務者を飛び越えて、直接債務の履行の要求ができます。このため、債権者である賃貸人にとっては、債務者が履行しない場合に、直接請求ができる連帯保証契約を結ぶ方が、有利だといえます。

　そこで、実際にはほとんどの場合、連帯保証契約になっています。

保証人と連帯保証契約を結ぶ場合、連帯保証契約書を作成します。何といっても大切なのは「連帯」の二文字です。同時に、遅延損害金の利率や期限の利益について明記するとよいでしょう。

● 保証契約の締結

まず、当初の保証契約で更新後も継続して保証する旨の規定を明確に定めていれば、契約更新後も引き続き保証人としての義務を負います。一方、そのような規定を置かなかった場合、契約更新後は連帯保証人の責任は存続しないことになるでしょう。確かに、借家契約が原則として更新されるものであることを考えると、保証人も契約が更新されることを前提として保証したはずであるので、更新後の借地人の債務についても保証されるようにも思われます。

実際、借家契約については、契約更新後も保証人の責任が継続することを認めた判例があります。

■ 保証と連帯保証の違い

	普通保証	連帯保証
主債務が消滅した場合	保証債務も消滅する	連帯保証債務も消滅する
主債務の時効中断	保証債務の時効も中断する	連帯保証債務の時効も中断する
催告の抗弁権の有無	ある	ない
検索の抗弁権の有無	ある	ない
保証人に対する請求	主債務の時効は中断しない	主債務の時効も中断する
保証人の分別の利益	あり	なし（判例）

※分別の利益とは、保証人が数人いる場合、各保証人は、債務額を平等に分割した額についてだけ、保証債務を負担すること
　催告の抗弁権とは、債権者から請求を受けた保証人が、まず債務者に請求するよう主張できる保証人の権利のこと。
　検索の抗弁権とは、保証人が、「まず主たる債務者の財産に執行せよ」ということができる権利のこと。

契約の締結は、賃貸借契約時に保証人の立ち合いを求め、賃貸借契約と同時に行うのが最善です。保証人の立ち合いができない場合、保証契約書を持ち帰って、事前に署名、捺印をもらうことになりますが、不正行為を防止するために、保証人についても印鑑証明書などを用意してもらうとよいでしょう。保証契約が賃貸借契約の締結後になることは、極力避けるべきです。保証人に断られたりすると、保証人不在になってしまいます。

● 家賃保証会社とはどのようなものか

賃貸借契約をする際に必ず連帯保証人を立てなければなりません。これは、賃借人が家賃を滞納した際に効率的に家賃を回収するためだと言われていますが、最近では「連帯保証人すら見つからない」「連帯保証人に資力があるのか不安だ」といったケースが増えてきました。そこで、ぜひ利用したいのが家賃保証会社です。家賃保証会社は、一定のコストを支払えば賃借人の家賃滞納などの問題を解決してもらえます。また、信用情報を管理しているため、賃借人や連帯保証人の経済面での審査をしてもらえますので、不良入居者を審査段階で排除することができます。しかし、賃借人が毎晩のように夜中に仲間を引き入れて大声で騒ぐといった迷惑行為などの予防や解決には積極的には介入してもらえないので、その点は注意が必要です。

■ 家賃不払いを予防する方法

賃貸借契約締結時 ➡	・家賃を滞納する恐れがあるかどうか、契約を締結する段階で見極める ・経済力のある人を連帯保証人に選ぶ
滞納者に対する対応 ➡	・入居者への連絡など、迅速な対応を心掛ける ・内容証明郵便の送付による家賃の支払い請求 ・滞納が続く場合、賃貸借契約を解除する ・同居人や連帯保証人に請求する

家賃保証会社は経済的信用性が高く、万一の際に確実に保証債務を履行してもらうことになるので、ある程度しっかりした会社にお願いしなければなりません。万一の際に保証会社が倒産してしまっては賃貸人としては保証料がムダになるばかりか保証人が不在のままになってしまいます。過去には、大手の家賃保証会社が倒産したケースもありますので、慎重に決めなければなりません。

　また、家賃保証会社によっては「保証してもらえる滞納賃料は何か月分まで」「この部分は保証しない」など、保証内容や対象が違ってきます。家賃保証会社を利用する際には必ず各保証会社の保証条件を十分に確認するようにしましょう。

◉ トラブルに遭ったときの対応

　借地借家をめぐるトラブルの解決手段には様々なものがありますが、家賃保証をめぐるトラブルに遭った場合、まずは専門家に相談するのがよいでしょう。今後もトラブルが続けば、行政による規制も強化されることになるでしょう。

■ 家賃保証会社による保証のしくみ

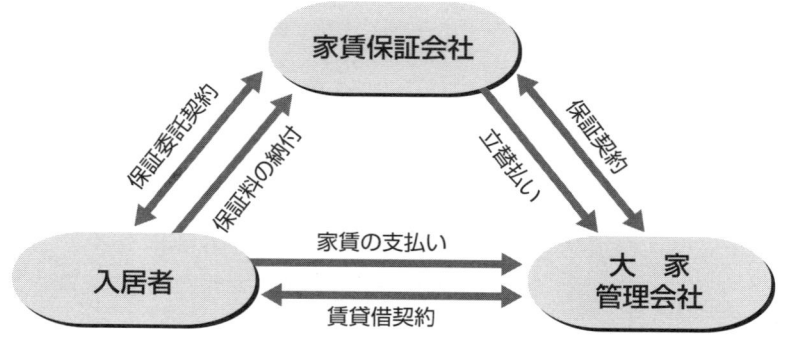

```
            家賃保証会社
         ↗↙         ↖↘
    保証委託契約      保証契約
    保証料の納付      立替払い
         ↗↙         ↖↘
              家賃の支払い
   入居者 ――――――――――→ 大　家
         ←―――――――――― 管理会社
              賃貸借契約
```

※ オーナー側（大家側）が家賃保証会社に支払う手数料などはなく、オーナー側の負担はないのが通常
　（オーナー側が支払う手数料があるとしても振込手数料程度）

8 特約や付随契約について知っておこう

特約が契約を左右する

◉ 個別の事情に合わせて特約を定めておく

　契約書の中で気をつけたいのは、特約です。明渡し時の原状回復義務や修繕費用の負担についての箇所は重点的に記載・説明しておかなければなりません。賃貸借契約書の一般的なひな型には記載されていないような事項についても、特約で定めることができますので、作成時にはひな型をベースに個別の事情に合わせて特約を定めておくのがよいでしょう。

① **原状回復特約とは**

　賃借人には、賃貸借契約終了の際、部屋などの賃借物を原状に復し、返還する義務があります。これを原状回復義務と言います（160ページ）。この原状回復の程度や必要な修繕の程度といった点について、入居時に特約を結ぶことがあります。このような特約を原状回復特約と呼びます。

　原状回復特約の具体的な文言としては、「故意・過失を問わず本件建物に毀損・滅失・汚損といった損害を与えた場合は損害賠償義務を負う」「借主は自己の費用をもって本建物を原状に戻して明け渡すこと」というように記されています。原状回復特約によって、借主がどこまで修繕責任を負うことになるのかは、その文言の内容によっても変わってくることになります。

　原状回復特約では、「床や壁紙の張替え費用や、クリーニング代は借主の負担とする」というように、修繕の内容を具体的に定めることもあります。賃貸借契約を結ぶ際には、特約内容について書面で交付した上で、口頭で説明することが必要です。

なお、原状回復特約が有効と認められるかどうかは以下の基準を基にして判断されることになります。

・特約を定める必要があり、かつ合理的な理由がある場合

　たとえば、建物の家賃が近隣の相場に比べてとても低く設定されており、家賃の中に修繕費が含まれていないと判断されるような場合には、原状回復特約を定める必要性・合理性が認められるといえるでしょう。

・借主がその特約によって、通常の原状回復義務を超えた修繕責任を負うことを理解していること

　特約を定めた場合、その内容が賃貸借契約書や付帯した文書に、わかりやすく明記し、借主には、通常の原状回復義務を超えた範囲の修繕責任を負うことになることを、しっかり説明しなければなりません。貸主は借主に対して、特約の説明を行う義務があります。ただし、入居のしおりを手渡しただけで、具体的な説明をしないのでは、説明義務を果たしたことにはなりませんので、注意しましょう。

・借主が特約で定められた修繕負担をすることを了承していること

　特約が有効になるには、賃貸借契約上、借主がその内容をしっかり了承した上で交わされた契約であることが明らかになっている必要が

■ **問題となる原状回復特約の例**

> 第○条　（原状回復特約）
> 　本件契約が終了したときは、借主の費用をもって本件物件を当初契約時の原状に復旧させ、貸主に明け渡すものとする。

　このような抽象的な記載では特約が無効とされるケースが高いので、法律やガイドラインの趣旨に沿ったものにする必要がある

あります。契約の際に、特約について理解し、同意するという項目があり、そこにサインや押印がある場合は、確かに借主が特約に了承したと判断されやすくなります。

② 小修繕特約は借主負担の場合もある

たとえば、電球の取替えや、障子の張替えのように、修繕にあまり費用がかからないものを小修繕といいます。小修繕特約とは、借主が小修繕を行った場合、その費用は借主の負担になることを事前に定めている特約です。具体的な文言としては、「本件建物の小修繕は借主の負担において行う」というように記されています。小修繕特約はあくまで借主が自分の都合で電球の取り替えや障子の張替えを行った場合に、その費用をいちいち貸主には請求できないということです。

ただし、このような特約がある場合でも、建物の基礎に関する部分や、屋根・壁の塗りかえといった大規模な修繕については貸主が負担することになりますので、注意する必要があります。

③ 敷引特約

敷引特約とは、退去する際に借主が一定額の敷金を貸主に返還することを、賃貸借契約時にあらかじめ約束しておく特約です。退去時の

■ 小修繕特約の例

第○条 （小修繕特約）
　入居中における畳表及び畳床、障子、ガラスおよび網戸の張替え、蛍光灯の交換、水道その他小修繕に属するものについては借主の費用負担において、借主が行うものとする。

浴槽やキッチンの交換など負担が重いものまで「小修繕」とする特約は無効とされる可能性がある

建物の状態に関わらず、前もって修繕のために一定額の費用を敷金から差し引くことを決めておけば、後々敷金の返還の際にもめ事を避けることができるという考え方からできた特約です。差し引かれた金銭は、主に原状回復費用や空室損料（退去した部屋に次の入居者が入るまでの補償）に使われていますが、中には、契約が成立したことの貸主への礼金として扱われる場合もあります。そのため、特約で返還する敷金を減額しておきながら、退去時にはさらに修繕費を要求してくるようなケースも存在します。

　また、敷引特約の有効性をめぐって多数の訴訟が提起され、下級審の判例の見解も分かれました。

　最高裁は、平成23年3月24日、「敷引特約は不当に高額でない限り有効」という趣旨の判断を下しました。その上で、礼金をもらわず、敷引金も月額賃料の2倍弱から3.5倍強にとどまっている敷引特約のケースについて「不当に高額でない」として、敷引特約を有効としました。ただし、最高裁は「不当に高額でない限り」という限定をつけており、いかなる場合も有効だとは言っていません。あまりにも金額が大きいときには無効と判断される場合もあります。

■ **問題となる敷引特約の例**

> 第○条　（敷引き特約）
> 　敷金の返還については、本件賃貸借契約終了後、明渡し時には敷金 25 万円から 10 万円を差し引いた 15 万円を返還する。

このように、実際にかかった費用に関わらず一定金額を差し引く敷引特約は消費者契約法に違反すると判断されることがある

● 特約によって賃貸人に有利な条項を置くこともできる

　賃貸借契約の中には、借地借家法に反しない限り賃貸人にとって有利な条項を置くことができます。賃貸人にとって有利な契約条項としては、通常の損耗や経年劣化によりかかる費用を賃借人に負担させる特約、賃貸借契約を更新する際の更新料についての特約、賃貸人が負担する不動産の修繕義務を回避する特約、造作買取請求権を排除する特約、有益費償還請求権を排除する特約、賃料を増額するための特約などがあります。

　ただし、このような契約条項は、賃借人にとっては不利な契約条項になりますので、契約条項の内容について賃借人に十分な説明を行い、賃借人の了解を得ることが必要です。特に、借主が一般個人のようなケースでは、消費者の利益を一方的に害する条項を無効とする消費者契約法10条が適用されるため、条項が無効とされるおそれもあります。

● 中途解約が禁止される条項を置くこともできる

　賃貸借契約の途中で契約を解消することを禁止する契約条項のことを中途解約禁止条項といいます。賃貸借契約の中に中途解約禁止条項を置くことができれば、賃貸人は一定期間の賃料収入を確実に確保することができます。賃貸借契約の当事者は契約を解消することができないので、賃借人は賃貸人に対して賃料を支払い続ける必要があります。入居者がいなければ、賃貸人は賃料収入を確保することができないので、中途解約禁止条項を設けることで、賃貸人は賃料収入が途絶えてしまうことを防ぐことができます。

　ただし、あまりにも長い期間にわたって中途解約を禁止したり、あまりにも高額な中途解約違約金条項を設けると、建設協力金方式などの特殊な賃貸借契約でない限り、無効と判断されてしまう場合もあります。そのため、数年以内の賃貸借契約であれば中途解約禁止条項を設けることができると考えるべきです。

なお、中途解約禁止条項を設けなくても、「賃貸借契約を解約する場合には、〇か月前に相手方に通知しなければならない」といった条項を設けることも可能です。このような条項を設けておけば、賃貸人は解約の通知を受けてから数か月間は賃料収入を確保することができますし、この間に新しい賃借人を探すこともできます。この期間は、通常は2〜3か月間とするのが一般的です。

● 必要費償還義務を特約でないものにする

　通常、賃貸人は賃借人が建物を使用する上で必要な費用を支出する義務を負っています。そのため、この費用を賃借人が支出した場合には、賃貸人は賃借人が支出した金額を償還する義務を負います。これを必要費償還義務といいます。

　必要費とは、建物を使用する上で必要不可欠な費用のことをいいます。たとえば、水道の給水栓が壊れた場合には建物を使用することができなくなりますので、給水栓の修繕費用は必要費になります。賃貸借契約の中で特約を設けることで、賃借人に必要費を負担してもらうことができます。必要費を賃借人が負担することを賃貸借契約の中で規定しておけば、賃貸人が必要費を負担する必要がなくなります。

● 通常損耗や経年劣化の修理を借主負担にする

　不動産の通常損耗や経年劣化によりかかる費用は、通常は賃貸人の

■ 中途解約が禁止される条項の規定例 ……………………

> 第〇条（中途解約の禁止）　貸主と借主は、契約期間中に本賃貸借契約を解除することができない。
> 2　契約期間中に天災など本賃貸借契約を終了すべきやむを得ない事情が生じた場合には、貸主と借主との間で協議を行う。

側が負担する必要があります。しかし、賃貸借契約の中で、これらの費用を賃借人の負担とする条項を設けることができます。この条項を賃貸借契約の中に設けることができれば、賃貸人は通常損耗や経年劣化により発生する費用を負担する必要がなくなります。

ただし、この条項は賃借人にとって不利な条項ですので、どのような費用が賃借人の負担となるのかを明確にする必要があります。そのため、単に「通常損耗と経年劣化により生じる費用は賃借人の負担とする」という条項を契約に盛り込むだけでは不十分であり、より具体的に賃借人が負担する費用の内訳を示さなければなりません。

また、費用負担が賃借人にとって過度な負担となる場合には、契約条項自体が無効となる可能性があります。そのため、このような契約条項を設ける際には賃借人にとって重過ぎる負担にならないかを配慮する必要があります。

なお、何が通常損耗や経年劣化により生じる費用となるかについては、破損していない畳の交換費用、フローリングの色落ち、フローリングのワックスがけ、家具による床やカーペットのへこみ、がびょうを用いたことによる壁の穴、台所やトイレの消毒などが挙げられます。これらの中から、賃借人に負担してもらう費用を選択します。

■ 通常損耗や経年劣化の修理を借主負担にする条項の規定例 ………

> 第○条（借主の負担） 以下に掲げる通常損耗や経年劣化により生じる費用については借主の負担とする。
>   1　畳の交換
>   2　フローリングの色落ち
>   3　フローリングのワックスがけ
>   4　画鋲によるピン跡
>   5　太陽光による壁と床の変色

※この条項により借主の費用負担があまりにも重くなってしまう場合には、条項自体が無効となる可能性がある。

9 重要事項説明書について知っておこう

貸主としても重要事項の説明ミスが生じないように留意する

● 重要事項説明書とは

　重要事項説明書は契約を交わす前に貸主ではなく仲介業者が借主に説明しなければならない事項です。重要事項説明書には「解約時の敷金の精算に関する事項」という項目があり、この中に原状回復費用に関する文章が含まれているはずです。

　仲介業者が説明を渋ったり、重要事項説明書を請求されても「契約後に渡します」などと言って説明を引き伸ばしたりすると、後々借主との間でトラブルになります。貸主としては、仲介業者と連絡をとり、交渉の経過を把握しておく必要があるでしょう。

● 賃貸借の重要事項説明のポイント

　重要事項説明のうち、重要な項目には、以下のようなものがあります。

① 登記記録（登記簿）に記録された事項

　抵当権などの権利が設定されているか否か、設定されている場合の影響を説明します。たとえば、抵当権が行使されると、新しい所有者から退去を求められる可能性があり、6か月の猶予期間が終了した後は、入居者は退去しなければならないことなどです。

② 飲用水、電気、ガスなどインフラの整備状況

　飲用水などのインフラの整備状況について説明します。整備されている場合でも、何らかの特別な負担金等が発生する場合があれば、付け加える必要があります。

③ 賃料以外に必要な金銭

　賃料以外に必要となる、敷金や礼金、更新料などは、賃料以外の重

要な契約条件ですので、金銭の内容や金額などを説明します。

④ **損害賠償額の予定や違約金の内容**

契約に違反したときの損害賠償額の予定、または違約金に関する定めがある場合、金額・内容などを説明します。

⑤ **敷金等の精算に関する事項**

敷金など貸主に預ける金銭の精算について説明します。特に、退去時の原状回復費用との精算をめぐるトラブルは非常に多くなっていますので、原状回復の取扱いも含めて説明が必要です。

⑥ **法令に基づく制限**

都市緑地法や、景観法などの法令による制限があれば説明します。東日本大震災以降は、津波防災地域づくりに関する法律による予想される津波による浸水の有無や、災害対策基本法による緊急避難場所などの説明義務が追加されています。

⑦ **その他利用制限など**

必要に応じて禁止事項があれば説明します。たとえば、ベランダに洗濯物を干せない、ペットが飼えないなどです。また、禁止行為を行うと契約違反になり、場合によっては賃貸借契約が解除されることも同時に説明が必要です。

■ 賃貸借契約を結ぶ際に説明を受ける重要事項の主な項目

●**建物の賃貸借**
・台所、浴室、便所などの整備状況
・契約の期間、更新について
・建物の用途や利用制限
・敷金や保証金の精算方法
・管理委託先の氏名、住所
・定期借家契約である場合にはその旨

●**土地の賃貸借**
・契約の期間、更新について
・建物の用途や利用制限
・金銭の精算方法
・管理委託先の氏名、住所
・契約終了時の建物の取壊しに関する事項
・定期借地契約である場合にはその旨

10 公正証書で契約書を作成することもある

公正証書を用いなければならない契約もある

● 公正証書には「執行受諾文言」の記載を忘れずにする

　公正証書とは、公証人という特殊の資格者が、当事者の申立てに基づいて作成する文書で、一般の文書よりも強い法的な効力が認められています。公証人は、裁判官・検察官・弁護士といった法律実務経験者や一定の資格者の中から、法務大臣によって任命されます。裁判官経験者が比較的多いようです。

　公正証書は一定の要件を備えれば、債務名義（強制執行の根拠となる債権の存在・内容を証明する文書）となります。そこで、公正証書に基づいて強制執行（債務者が債務を履行しない場合に裁判所や執行官に申し立てることによって行われる強制的に権利を実現する手続きのこと）を行うことが可能になります。公正証書のこのような効力を執行力といいます。

　ただ、どんな契約書でも公正証書にすれば債務名義となりうるわけではありません。①請求内容が、一定額の金銭の支払いや一定数量の代替物または有価証券の給付であること、②債務者が「債務を履行しない場合には強制執行を受けても文句は言わない」旨の記載がなされていること、契約書であることが必要です。②の記載を、執行受諾文言または執行認諾約款といいます。執行受諾文言は、公正証書に基づいて強制執行を行うためには欠かすことのできない文言ですから、忘れずに入れてもらうようにしましょう。

● 公証役場で手続きをする

　公正証書を作成するには、公証役場へ行きます。わからない場合に

は、日本公証人連合会（03－3502－8050）に電話をすれば教えてもらえます。債権者と債務者が一緒に公証役場に出向いて、公証人に公正証書を作成することをお願いします（これを嘱託といいます）。事前の相談や連絡は、当事者の一方だけでもできますが、契約書を公正証書にする場合には、契約当事者双方が出向く必要があります。

ただし、実際に本人が行かなくても代理人に行ってもらうことは可能です。公証役場では、まず当事者に人違いがないかどうかを確認します。公証人自身が当事者と面識があるような特別のケースを除いて多くの場合は、本人確認のために発行後3か月以内の印鑑証明書を持参することになります。

● 公正証書にするのが望ましい契約がある

貸主は、賃貸借契約書を公正証書にすることで、家賃を確保することができます。公正証書は債務名義になります。そのため、貸主は、借主が家賃を支払わない場合には、訴訟をすることなく、借主に対して強制執行を行い、家賃を回収することができます。

賃貸借契約は、常に公正証書でなければならないわけではないのですが、一定の賃貸借契約については公正証書にした方がよいものもあります（なお、借地権についての事業用定期借地契約は公正証書による作成が義務付けられています、借地借家法23条）。特に定期借家契約は更新せずに、建物を返還してもらうわけですから、公正証書にして、契約書の原本を公証役場に保管しておいてもらうのがよいでしょう。「定期」といっても10年、20年という契約を結ぶケースはあるので、契約書の紛失の危険を防ぐメリットがあるからです。公正証書で契約書を作成する場合には、公証役場で手数料を支払わなければなりません。手数料の金額は84ページの図の通り、目的の価額によって決まります。賃貸借契約の場合、賃料に契約期間を掛けた額を2倍したものが目的の価額となります。

● 定期借家契約の公正証書を作成する場合の注意点

　定期借家契約は書面で作成しなければなりませんが、法律上は公正証書で作成することまでは要求されていません。ただ、定期借家契約は更新せずに、建物を返還してもらうわけですから、公正証書にして、契約書の原本を公証役場に保管しておいてもらうのがよいでしょう。公正証書を作成する上では以下の点に注意します。

・**更新がない旨の記載**

　多くの場合、定期借家契約を結ぶ目的は更新をせずに明け渡してもらうことにありますから、更新・立退きをめぐるトラブルを避けるために、公正証書にも「更新がない」ことを明記します。85ページの書式では、第4条に記載しています。

・**執行認諾約款を置き、確実に賃料を回収できるようにする**

　公正証書は執行認諾約款があれば債務名義（82ページ）となるので、貸主は、賃貸借契約書を公正証書にすることで、借主が家賃を支払わない場合には、訴訟をすることなく、借主に対して強制執行を行い、家賃を回収することができます。そのため、公正証書には執行認諾約款を置くようにします。

■ 公正証書の作成などに必要な手数料

（平成26年6月現在）

	目的の価額	手数料
法律行為に関する証書の作成	100万円以下	5,000円
	200万円以下	7,000円
	500万円以下	11,000円
	1,000万円以下	17,000円
	3,000万円以下	23,000円
	5,000万円以下	29,000円
	1億円以下	43,000円
	1億円～3億円以下43,000～95,000円、3億円～10億円以下95,000円～249,000円、10億円を超える場合には249,000円に5,000万円ごとに8,000円を加算する	

その他	私署証書の認証	11,000円（証書作成手数料の半額が下回るときはその額）	外国文認証は6,000円加算
	執行文の付与	1,700円	再度付与等1,700円加算
	正本または謄本の交付	1枚 250円	
	送達	1,400円	郵便料実費額を加算
	送達証明	250円	
	閲覧	1回 200円	

書式 定期建物賃貸借契約公正証書

定期建物賃貸借契約書

　本公証人は、当事者の嘱託により、その法律行為に関する陳述の趣旨を録取し、この証書を作成する。

第1条（本契約の目的） 貸主○○住建株式会社（以下「甲」という）は、借主○○○○（以下「乙」という）に対して、下記の建物を賃貸し、乙はこれを借り受け、以下の条項により借地借家法第38条に規定する定期建物賃貸借契約（以下「本契約」という）を締結する。

　　　　　　　　　　　記
　　所　　在　東京都○○区○○×丁目××番地×
　　家屋番号　　○○番○
　　構　　造　木造瓦葺2階建て
　　床面積　　○○.○○㎡

第2条（使用目的） 乙は、居住を目的として本件契約を使用する。

第3条（契約期間） 契約期間は平成○○年○月○日から平成○○年○月○日までの○年間とする。

2　前項において、その期間満了の6か月前に、甲は乙に対して、期間の満了により賃貸借が終了する旨を書面によって通知するものとする。

3　前項の場合において、甲が通知期間の経過後、乙に対し、期間の満了により賃貸借が満了する旨の通知を行った場合には、その通知を行った日を起算日として、その日から6か月の経過をもって、賃貸借は終了する。

第4条（本契約期間の更新の有無） 本契約は、前条の期間の終了によりその効力を失い、更新しないこととする。

2　前条と異なる方法により、甲乙協議の上、本契約の終了の翌日を起算日とする新たな賃貸借契約を行うことを妨げない。

第5条（賃料と支払方法等） 賃料は月額〇〇万円とする。

2　乙は、毎月〇日までにその翌月分の賃料を甲のあらかじめ指定する銀行口座に振り込んで支払うものとする。なお、甲の住所地に持参することを妨げない。

3　1か月に満たない期間の賃料は、1か月を30日として日割計算した額とする。

4　前項の規定に関わらず、賃料が、公租公課の増減により、不動産の価格の上昇もしくは低下その他の経済事情の変動により、または、本件契約の近傍類似の物件と比較して不相当となったときは、甲または乙は、将来に向かってその増減を請求することができる。

第6条（敷金） 乙は本契約に関して生ずる乙の債務を担保するため、本契約の成立と同時に、甲に対し敷金として金〇〇万円を預託する。

2　本契約の終了に伴い、乙が、本件契約を原状に復して明け渡した場合において、甲は本契約に基づいて生じた乙の債務で未払いのものがあるときは、敷金から未払債務額を差し引いて乙に返還する。返還すべき金銭には利息を付さない。

3　乙は、本件契約を原状に復して甲に明け渡すまでの間、敷金返還請求権をもって甲に対する賃料その他の債務と相殺することができない。

第7条（賃借権の譲渡・転貸・原状変更等） 乙は、次の場合には、甲の書面による承諾を得なければならない。

　① 名義、形式のいかんを問わず、第三者に、本件賃借権を譲渡し、または本件契約を転貸するとき
　② 本件マンションの模様替え、造作、その他の原状を変更するとき

第8条（契約の解除） 甲は、乙が以下の各号に掲げる事項に該当したときは、本契約を解除することができる。

① 第5条に定める賃料の支払を3か月分以上遅延したとき
② その他本契約に違反したとき

第9条（明渡し） 乙は、本契約が終了する日までに、本件契約を明け渡さなければならない。この場合において、乙は、本件契約を原状に復しなければならない。

2　乙は、前項の明渡しをするときには、明渡日を事前に甲に書面にて通知しなければならない。

3　甲および乙は、第1項に基づき乙が行う原状回復の内容および方法について双方がこれを協議するものとする。

第10条（再契約） 甲は、再契約の意向があるときは、第3条第2項に規定する通知の書面に、その旨を付記しなければならない。

第11条（連帯保証） 連帯保証人○○○○（以下「丙」という）は、本件契約に基づき乙が甲に対して負担する一切の債務につき、乙と連帯して履行の責に任ずる。

第12条（執行認諾約款） 乙および丙は、本契約上の金銭債務を履行しないときは、直ちに強制執行に服するものとする。

第13条（公正証書の作成） 甲および乙は、本契約の内容につき、公正証書を作成することに合意し、公正証書の作成にかかる費用については、甲乙は折半により負担するものとする。

第14条（協議） 甲および乙は、本件契約書に定めがない事項および契約書の条項の解釈について疑義が生じた場合は、民法その他の法令および慣行に従い、誠意をもって協議し、解決するものとする。

以上

本旨外要件

住　所	○○県○○市○○町○丁目○番○号
賃貸人	○○住建株式会社
住　所	○○県○○市○○町○丁目○番○号
上代表取締役	○○○○　㊞
	昭和○○年○月○日生

上記の者は印鑑証明書を提出させてその人違いでないことを証明させた。
　　住　　所　　　○○県○○市○○町○丁目○番○号
　　職　　業　　　会社員
　　賃借人　　　　○○○○　㊞
　　　　　　　　　昭和○○年○月○日生
　上記の者は印鑑証明書を提出させてその人違いでないことを証明させた。
　　住　　所　　　○○県○○市○○町○丁目○番○号
　　職　　業　　　会社員
　　連帯保証人　　○○○○　㊞
　　　　　　　　　昭和○○年○月○日生
　上記の者は印鑑証明書を提出させてその人違いでないことを証明させた。
　上記列席者に閲覧させたところ、各自その内容の正確なことを承認し、次に署名・押印する。
　　　　　　　　　　　　　　　　　　　○○○○　㊞
　　　　　　　　　　　　　　　　　　　○○○○　㊞
　　　　　　　　　　　　　　　　　　　○○○○　㊞
　この証書は、平成○○年○月○日、本公証役場において作成し、次に署名・押印する。
　　　　　　　　　○○県○○市○○町○丁目○番○号
　　　　　　　　　　○○法務局所属
　　　　　　　　　　公証人　　　○○○○　㊞

　この正本は、平成○○年○月○日、賃貸人○○○○の請求により本職の役場において作成した。
　　　　　　　　　　○○法務局所属
　　　　　　　　　　公証人　　　○○○○　㊞

第4章

入居期間中の管理や家賃をめぐる法律知識

1 仲介と管理方法について知っておこう

宅建業者への媒介契約や報酬については法律で決められている

● 仲介とはどのようなものなのか

　物件を賃貸するためには、まず入居者を募集することからスタートしますが、簡単にスタートできるものではありません。入居者を募集するために自分でホームページを作成して物件を広告しようと思ってもホームページを作成するノウハウがないとできませんし、物件広告のチラシを作って配布したり張り紙をしても誰も気づいてもらえなければいつまでたっても入居者は見つかりません。そこでぜひ利用したいのが、不動産業者です。不動産業者は大家さんの代わりに不動産取引や管理を行ってもらえる専門業者で、いわば宅地や建物取引のエキスパートです。賃貸人の代わりに入居者を募集したり、不動産取引の仲立ちをしてもらえることを一般的に「仲介」と言っています。この仲介業は、宅地建物取引業の許可を得た不動産業者でなければできません（宅建業法12条）。

● 3種類の媒介契約がある

　媒介契約には、「一般媒介契約」「専任媒介契約」「専属専任媒介契約」の3種類があります。

① 一般媒介契約

　同時に複数の宅建業者に媒介を依頼することができる契約です。一般媒介契約では、依頼者が自分自身で不動産取引の相手を見つけて契約を締結したり、他の宅建業者が媒介した相手と契約を締結した場合は、その旨を業者に通知しなければなりません。

　もし、依頼者が通知し忘れた場合には、依頼した業者に対して媒介

のために要した費用を賠償しなければなりません。
② 専任媒介契約
　他の宅建業者に重ねて媒介を依頼することができない契約です。依頼者が自分自身で不動産取引の相手を見つけて契約を締結することはできます。ただし、同一物件につき依頼者が他の宅建業者の媒介した相手と契約を締結した場合には、専任媒介契約を締結した宅建業者に対して報酬額と同じ金額の違約金を支払う義務があります。
　専任媒介契約を締結した宅建業者は、契約を結んだ日から7日以内に不動産物件を指定流通機構に登録して、売買契約成立へ向けて尽力しなければなりません。
③ 専属専任媒介契約
　依頼者が、依頼をした宅建業者が媒介した相手以外の者と売買契約を締結することができない専任媒介契約です。専属専任媒介契約を結んだ場合、同一物件につき依頼者が、他の宅建業者が媒介した相手と契約を締結した場合はもちろん、依頼者自身で不動産取引の相手を見つけ出して契約を締結した場合も、契約を締結した宅建業者に対して規定の報酬額と同じ金額の違約金を支払う義務があります。

■ 媒介契約の種類

種類	内容
一般媒介契約	・同時に複数の宅建業者に媒介を依頼できる
専任媒介契約	・他の宅建業者に重ねて媒介を依頼できない ・同一物件につき他の宅建業者が媒介した相手と契約することを禁止
専属専任媒介契約	・他の宅建業者に重ねて媒介を依頼できない ・同一物件につき他の宅建業者が媒介した相手と契約することを禁止 ・依頼者自身が見つけた相手と契約することも禁止

専属専任媒介契約の場合は専任媒介契約よりも宅建業者の負う履行義務は強く、宅建業者は契約後5日以内に不動産物件を指定流通機構に登録しなければなりません。

● 専任媒介契約のメリット

　仲介には、複数の仲介業者に依頼できる一般媒介契約と、物件の仲介業務のすべてを依頼する専任媒介契約とがあります。

　一般媒介契約と異なり専任媒介契約はいろいろな面で条件が厳しいように見えますが、専任媒介契約でなければ利用できない特権もあります。それが、指定流通機構の利用ができることです。指定流通機構とは、国土交通大臣によって指定されている不動産物件諸情報交換のための不動産情報ネットワークシステムを運用している組織のことで、レインズとも呼ばれます。東日本不動産流通機構、中部圏不動産流通機構、近畿圏不動産流通機構、西日本不動産流通機構の4つがあり、買主などを検索することができます。

　専任媒介契約をする際には指定流通機構に登録することが義務付けられています。指定流通機構への登録により、全国の不動産業者が物件の情報を共有することができますので、より多くの人に募集をすることが可能になり、かなり効果的といえます。

● 宅建業者に支払う報酬は事前に明確にしておく

　宅地建物取引業者（宅建業者）の媒介によって依頼者の希望する条件通りの不動産取引が完了した場合、宅建業者には依頼者に対する報酬請求権が生じます。もちろん宅建業者としての免許がない者には仲介業務を行っても報酬請求権は発生しません。また、媒介契約を締結していないのであれば、たとえ宅建業者が勝手に情報を提供してきても、報酬請求権は生じません。

　不動産業者（宅地建物取引業者）に支払う報酬については、国土交

通省の告示で上限額が定められています。賃貸借契約の媒介や代理については、以下のように上限額が定められていますので、不動産業者に仲介を依頼するにあたって意識しておきましょう。

・**居住専用建物についての賃貸借の媒介**

　上限額は、（賃料1か月分の2分の1）×1.08の金額です。

　たとえば、賃料が8万円のアパートの場合、不動産業者は、賃貸人・賃借人から総額8万6400円受け取ることができます。賃貸人・賃借人のどちらか一方が支払うと定めることもできます。

・**居住専用建物以外の建物や宅地についての賃貸借の媒介**

　上限額は、賃料1か月分×1.08の金額です。

・**賃貸借の代理**

　上限額は、賃料1か月分×1.08の金額です。

● 管理とはどのようなものなのか

　仲介と共に重要な仕事となるのが賃貸物件の管理です。

　賃貸物件の管理と言っても様々です。代表的なのが家賃の管理や賃貸物件の管理などです。この管理業を賃貸人の家族や賃貸人自ら立ち上げた管理会社に任せるのも1つの手段ですが、ここでもやはり不動産業者を利用した方が無難です。アパート・マンション経営の基本は何と言っても「安定した家賃収入の確保」ですから、不動産取引のエキスパートである不動産業者にお願いした方が安心です。なぜここまで不動産業者を勧めるのかと言うと、賃貸物件の家賃滞納問題や物件を明け渡す際の原状回復費を決めることなどでトラブルが続出し、個人で解決するには限界があるからです。賃貸物件の管理費は賃料の10％程度になることもありますが、この管理費をカットしてしまうと、賃貸物件の収益力を維持することが難しくなります。管理費（管理報酬）は「コスト」ではなく、「必要経費」なのです。

◉ 仲介と管理はセットなのか

　不動産業者は賃貸人の代わりに賃貸借契約の代理をしたり、賃貸物件の管理もしてもらえますが、仲介手数料を支払ったからといって管理業務まで行うわけではありません。近年、入居者との賃貸トラブルに巻き込まれないために仲介業務と管理業務をセットにした業務委託契約を提示する業者も多くなりましたが、必ずしもセットにしなければならないわけではありません。賃貸人自らが自己責任で管理業務を行うことも十分可能ですが、管理業務を委託しないのであれば、できる限り自力でトラブルを解決するようにしましょう。

◉ 費用負担をめぐるトラブルも多い

　不動産業者は無償で仕事をしてくれるわけではありません。依頼した仕事に対しては必ず費用の支払いをしなければなりません。まず、入居者を募集するために物件情報誌や物件情報サイトに載せようと思っても、そこには当然広告費がかかります。広告費とは仲介業務の中に含まれているものなので、原則として賃貸人の負担になります。中にはただで引き受けてもらえる仲介業者もありますが、手抜きをされてしまうおそれもありますので、事前にチェックする必要があります。

　次に、事務処理手数料を兼ねて仲介手数料の前払いを求めてくる仲介業者もいます。仲介手数料とは入居者が決まってから支払う成功報酬ですので、事前に支払う必要はありません。中には仲介手数料以外の報酬を事前に求める業者もありますが、事前に報酬を求めることは違法行為になりますので（宅建業法46条1項、2項）、しっかりと断るのと同時に、その業者とはすぐに手を切るべきです。

◉ 仲介業者がミスをした場合には

　仲介業者がミスをした場合は仲介業者にトラブルを解決するように求めることができますが、トラブルの原因を作ったのは賃貸人自身で

ある場合もあります。

たとえば、契約物件についての説明と実際の物件の現状が違っていたケースで、仲介業者がきちんと説明をしていなかった場合は錯誤（表意者自身が法律行為の重要な部分について思い違いをしているにも関わらず、表示と真意との食い違いに気づいていない場合のこと）によって賃貸借契約が無効になることがあります（民法95条）。

この場合、業務管理委託契約の債務不履行を理由に仲介業者に債務不履行責任を問うことができますが、賃貸人が提供した資料が間違っていたことが原因で仲介業者が重要事項の説明を間違えたという場合には賃貸人の責任になってしまいますので、仲介業者に責任を問うのは難しくなります。

また、暴力団関係者など、本来入居を拒否しているはずの人が入居することになった場合、審査など、ほとんどの業務を仲介業者に任せているのであれば、仲介業者の債務不履行となるでしょう。

しかし、仲介業者は銀行のように必ずしも入居希望者の信用調査や身元調査をしなければならないわけではないので、そのような人が入居してしまった場合は、仲介業者と今後の対応を検討する必要があります。

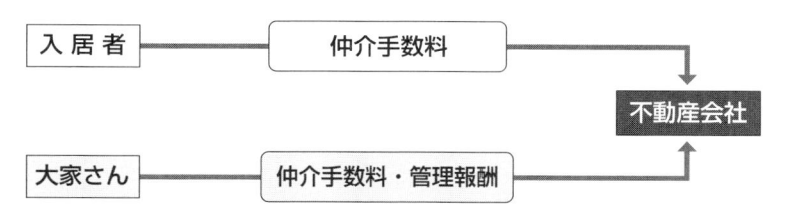

■ **不動産業者に対する手数料・報酬の支払い**

入居者 ─ 仲介手数料 ─→ 不動産会社

大家さん ─ 仲介手数料・管理報酬 ─→ 不動産会社

2 物件広告を出すときに注意すること

実際の物件と異なる情報を記載してはいけない

● どんなことを記載すればよいのか

　物件広告を作成する際には不動産の表示に関する公正競争規約に従って記載しなければなりません。

　物件の種類によって記載事項は異なりますが、中古賃貸マンション・中古賃貸アパートの場合には、以下の事項を記載します。

- 広告主の名称・商号、広告主の事務所の所在地、広告主の事務所の電話番号
- 宅建業法による免許証番号、所属団体名および公正取引協議会加盟事業者である旨
- 取引態様（賃貸人、代理、仲介の別）、物件の所在地、交通の利便、建物面積、建物の建築年
- 賃料
- 礼金・敷金・保証金などを必要とするときは、その旨およびその額
- 住宅総合保険等の損害保険料等を必要とするときはその旨
- 管理費・共益費など、定期建物賃貸借であるときはその旨およびその期間
- 取引条件の有効期限

　広告の媒体によって、記載事項を一部省略することができます。

　この他に、駐車場の有無や、ペット可の物件なのか、物件の近くにスーパーがあればその旨を記載すると広告を見た人により魅力を感じ

てもらいやすくなります。

◉ 広告を出す際の注意点とは

　不動産を探す人にとって物件広告の情報は重要です。不動産業者に物件広告を作成してもらう際には正確な情報を記載しているかをチェックしなければなりません。これは何も不動産業者だけが関係しているものではなく、賃貸人側も気をつけなければならないことなのです。賃貸人側から提供された情報が実際の物件とは異なる情報であった場合は入居者から賃貸人にクレームがくるおそれがあります。このクレームが原因でせっかく契約が決まったとしても契約を解約されたり、入居してからクレームが来た場合は引越し費用を請求されるトラブルにまで発展するケースもあります。1日でも早く入居者を見つけたいがために実際の物件と違う情報を掲載することや、優良であることを誇張することは法律上規制されています（景品表示法4条、宅建業法32条）。

　不動産を探している人にとっては物件情報に載っていることを基に

■ 様々な広告を使って行う不動産業者の集客方法

賃貸仲介業では、賃貸借契約の成立して初めて売上げとなる
↓
賃貸借契約が成立するためにはお客さんに店舗に来てもらう必要がある

- 管理物件の看板
- 通りがかり
- 駅前の看板
- クチコミ
- 地域の情報誌
- ホームページ
- 不動産情報のサイト
- 不動産情報誌
- タウンページ
- 折込チラシ

→ 不動産業者 来店

第4章　入居期間中の管理や家賃をめぐる法律知識

物件を決めているわけですから、賃貸物件のありのままを正確に伝えなければなりません。

● 業者には説明義務がある

物件を探している人はその物件情報だけで判断しなければならないので、より魅力的な広告を出したいと思うものですが、物件の難点も含めて入居者に伝えなければなりません。これを怠ると賃貸借契約が無効になってしまったり、賃貸人の説明義務違反による債務不履行責任（民法415条）を問われ、賃貸借契約を解除されたり、損害賠償請求を起こされてしまうこともあります。

できる限りマイナス面は隠したいと思うのは当然ですが、これらのトラブルを未然に防ぐためにもマイナス面も含めて物件情報として提供しなければなりません。

● 物件の現状を確認してもらう

物件広告は入居希望者を惹きつけることができるかどうかが重要なのですが、広告に記載されている内容と実際の物件と違っていることもよくあることです。

たとえば対象物件の近くに空き地があり、その空き地に、賃借人の入居後まもなく埋葬場が建設されたのですが、埋葬場の建設について賃貸人が何も説明していなかったとします。この場合、賃借人による錯誤による契約の無効の主張が認められることもあります。そうなれば、引越し費用や仲介手数料などを返還しなければならなくなります。賃貸人にとっては大ダメージとなってしまいます。

賃貸借において、賃貸人と入居者との間の信頼関係が損なわれてしまうと簡単にトラブルが発生してしまいます。それを未然に防ぐためにも必ず現地確認や物件内覧によって、入居希望者に物件の現状を確認してもらってから契約手続きをするようにしましょう。

3 入居者を選別するときに注意すること

無用なトラブルをかかえないように気をつける

◉ 支払能力や人物をチェックする

　入居希望者が見つかって賃貸人としては一安心かもしれませんが、まだまだ安心できません。その入居者は本当に貸主にとって「優良な」入居希望者でしょうか。まずは入居希望者に以下のことを聞いて審査するようにしましょう。①入居の動機、②保証人の有無、③勤務先と勤続年数など主要な事項を確認するようにしましょう。たとえば、入居希望者が実は家賃滞納常習犯で、前のアパートから追い出された人だというケースもありますので、忘れずに確認するようにしましょう。

◉ 審査の流れと提出書類について

　入居希望者に主要な事項を確認し忘れて素行のよくない入居希望者と契約してしまうと、入居を始めた途端、賃貸物件を乱雑に扱ったり、近隣の入居者とトラブルを起こしかねません。その結果、優良な入居者が退去してしまい、新規の入居者が見つからないという負の連鎖が起こってしまいますので、しっかりと見極めなければなりません。審査をする際に入居希望者にはまず、入居申込書に必要事項を記載させてから入居希望者と面談しましょう。チェックする内容は、入居者や保証人の経済力と入居者の人柄です。入居審査で入居希望者に問題があると判断した場合には必ず断るようにしましょう。ここで「1日でも早く空室をなくしたい」と思って契約してしまうと今後トラブルを引き起こし、賃料以上にムダな費用と時間をかける結果になりますので、問題があると判断した場合には即断るようにしましょう。

● 入居を拒否したことがトラブルにつながることもある

　賃貸人が入居希望者を審査し、入居して欲しくないと判断した際に気をつけたいのが、どのように断るかということです。近年単身のお年寄りの方や外国人、障害者の方の入居が増えてきましたが、入居を断る際にはできる限り早い段階で断るようにしましょう。これが契約締結に近い段階で断ってしまうと、信義則上の契約締結義務違反になり、損害賠償義務を負う可能性があります。また、入居審査の際に入居申込書の記載をお願いすると「プライバシーに関わる事項は記載したくない」と断られたり、入居を断った際に「なぜ入居を断られたのか理由を教えて欲しい」と言われることもあります。入居申込書の記載を断る入居希望者にはなぜ記載する必要があるのかを説明し、納得してもらった上で必要な書類を提出してもらうようにしましょう。

　また、入居拒否理由の開示を求められても答える義務はありませんので、後々のトラブルを避けるためにも結果だけを伝え、やんわりと断るようにしましょう。

● 個人情報の取扱いには気をつける

　入居希望者の入居申込書に記載された事項などはもちろん個人情報にあたりますので、利用目的の範囲内での使用しかできないように規制されています。賃貸人個人で個人情報を取得する際には、利用目的を事前に公表するようにしましょう。また、入居者の個人情報を勝手に第三者に開示してしまった場合は、内容いかんによっては個人のプライバシーの侵害にあたり、最悪の場合、訴訟で慰謝料を請求されることもありますので、細心の注意を払うようにしましょう。

　不動産業者に管理を委託している場合には、よほど必要な場合を除いて、入居者の個人情報に関わらない方が無難かもしれません。

4 共益費・管理費をめぐる問題点について知っておこう

必要以上に高額に設定するとトラブルになる

● 共益費や管理費を設定するメリットとは

　共益費や管理費は建物の共用部分を使用したり、維持管理したりするための対価です。建物全体、賃借人全体のための負担金という意味合いがあります。共益費や管理費については、共益費や管理費を含めた額を賃料として表示することもできますが、別々に設定することで、費目ごとの値上げを検討することができます。また、賃料と共益費・管理費の合計額は同じでも、共益費や管理費を賃料と別に設定することで、賃料の負担が少ないように見せることができます。ただし、入居希望者の誤解を招くような表示は避けなければなりません。

● 必要以上に高い共益費をとった場合にはどうなる

　賃料を低く見せるために、共益費を必要以上に高く設定することはできません。
　必要以上に共益費を高く設定した場合、賃料という重要事項について事実と異なることを告げて契約を勧誘（消費者契約法4条1項1号）することになりますから、賃借人は契約の取消が可能です。この場合、詐欺による意思表示に基づく取消（民法96条1項）も可能です（同法6条）。取消を禁じる規定を契約書に入れておいても、消費者契約法10条により無効となるおそれがあります。

● 管理費・共益費の値上げに応じない借主への対処法

　管理費や共益費は、たとえば、敷地や建物の火災保険・住宅総合保険などの各種保険の掛け金、破損した箇所の修繕費、廊下・エレベー

ターなどの共用部分の維持費や電気代などに管理費や共益費が使われます。このような経費に使われているという性質上、値上げ請求に合理的な理由があれば、借主は値上げを拒否することはできません。

ただ、共益費や管理費というのは実質的には家賃と同様に扱われていることもあり、管理費や共益費のうち多くの部分は、家賃の一部に充当されているのが現実です。これは、貸主が家賃を値上げする場合に、いきなり大幅に増額すると、借主から拒否される恐れがあるので、値上げ幅の一部を管理費に組み込んでしまうということです。

そのため、管理費や共益費が家賃の一部として利用されるのであれば正当な理由のない値上げは拒否されてしまうこともあり得ます。

一方、貸主が管理費や共益費の使途を示し、純粋な管理費や共益費に不足が生じている場合、超えていることを指摘した上で、値上げ幅を低く抑えるなど対策をとった上で、再交渉してみるとよいでしょう。

■ 共益費・管理費の使用

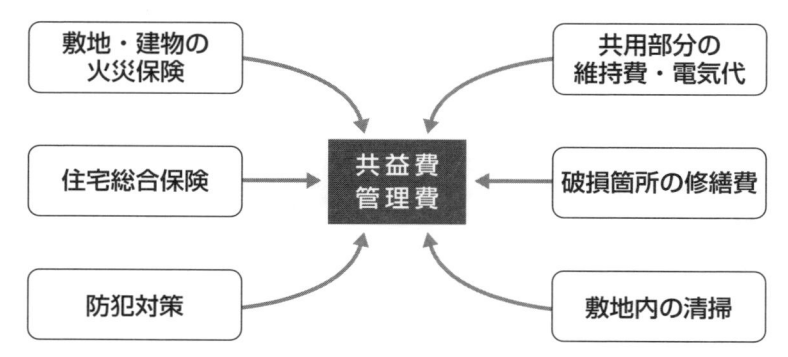

- 敷地・建物の火災保険
- 住宅総合保険
- 防犯対策
- 共用部分の維持費・電気代
- 破損箇所の修繕費
- 敷地内の清掃

→ 共益費 管理費

5 家賃について知っておこう

ある程度相場は決まっている

◉ 家賃は前払いが実情

　家賃は主に居住用の建物の利用料を指します。賃料と呼ぶこともあります。

　家賃の支払時期は、法律上の原則では後払いなのですが、実務上は前払いとすることが多いようです。一般的には、月末に翌月分の賃料を払うという形がよくとられています。中には、毎月の支払の手間を省くため、数か月分の賃料を一括して前払いすると定めている賃貸借契約もあります。

◉ トラブルが生じないように支払方法を定める

　賃料の支払方法については、原則として借主が貸主の住所地へ行って支払いを行うことになっています（民法484条）が、必ずこの方法をとらなければならないわけではありません。

　大きく分けて、借主の方から支払に行く場合と、貸主側が取立てに行く場合のどちらかを選ぶことになります。実際には、賃料の支払に銀行振込や自動引き落としもよく使われていますし、毎月の取立ても、直接貸主や地主が借主の元へ訪問するのではなく、別の業者に委託している場合もあります。貸主が賃貸物件近くに住んでいる場合には、直接賃料を持ってきてもらうと、借主と定期的にコミュニケーションをとることができるという利点があります。

　支払方法をどのように決めるのかはとても大切です。支払方法の定め方が原因で、後々厄介な問題が生じてしまうこともあります。

　たとえば、賃貸借契約書で「借主が銀行振込みで家賃を支払う」と

定めていたとしても、口座への入金を滞納する借主は現れるでしょう。この場合、貸主としてはやむを得ず、借主の元へ家賃の取立てをせざるを得なくなります。ただ、その結果、取立てによって賃料を回収する慣行が定着してしまうと、後に貸主が振込みの滞納を理由に契約解除を申し立てたとしても借主に「取立てに来なかった貸主に責任がある」という言い分をする余地を与えてしまうことになるのです。これでは契約書で支払方法を銀行振込と定めた意味がありません。

したがって契約書において定められた支払方法ではない方法による支払いは、例外的な場合のみに許容し、できる限り契約書通りの支払方法での支払いを促すべきでしょう。実際、月によって支払方法がまちまちになってしまっては家賃管理を行う側も事務が煩雑となります。滞納が生じた場合に契約を解除することは可能ですが、明渡訴訟は時間も費用もかかりますので、上手に回収する必要があります。

● 賃料の相場について

賃料には、その地域ごとにある程度相場が決まっています。

家賃の相場については、近隣の賃貸物件の相場以外にも立地条件・建物の築年数・設備・利便性といった事情も考慮して決められるのが通常です。主に駅やスーパーが近場にある場合や、建物の高い階にあるほど賃料は高くなります。具体的な近隣の相場については、不動産会社をいくつか回れば把握することができます。

最近は、インターネットでも地域ごとの家賃相場は紹介されているので、貸主としては事前に下調べをしておきたいところです。相場の調査から家賃の査定まで、業者に依頼して調べてもらうのも1つの方法といえるでしょう。

一般的には、家賃の額を決める際には、固定資産税（土地や家屋を所有している人がその資産価値に応じて納める税金のこと）の額の倍率を目安にして価格を設定する方法がよく使われています。なお、こ

の倍率についても地域によって差があります。特に首都圏の付近の土地となると、家賃の額も高くなります。

その他、路線価（道路に面する土地の標準価格のこと）や公示価格（地価公示法に基づいて出される土地価格のこと）も、家賃を決定する際に参考になることがあります。

◉ 契約後、入居前までの期間の日割家賃の請求の可否

日割家賃の請求とは、たとえば、11月20日に借主とマンションの賃貸借契約を結び、入居日を翌月1日とした場合で、11月20日～11月30日までの家賃を請求できるかという問題です。

この例の場合、貸主は借主の入居前であっても家賃を請求できます。入居予定者はたとえ実際に入居していなくても、契約開始日以降の家賃を支払う義務があります。このように、入居可能日から次の家賃支払日までの期間について、日割で請求できる家賃のことを前家賃といいます。

契約は、当事者間の合意によって成立します。そして、契約が成立した時点で、法的な効力が発生します。つまり、賃貸借契約で、「契

■ 賃料の相場

| 家賃の相場 | ・近隣の賃貸物件の相場
・立地条件、建物の築年数、設備、利便性 |

| 地代の相場 | ・近隣の土地の相場
・地質や周囲の環境、土地の使用用途
・固定資産税相当額の数倍 |

| 家賃・地代に共通する相場 | ・固定資産税の額の倍率が目安
・路線価、公示価格 |

第4章　入居期間中の管理や家賃をめぐる法律知識

約開始日は○月○日とする」と定めてあれば、その日から契約の効力が発生しますので、借主の入居前であっても契約開始日から家賃を請求できることになります。

　貸主としては、収入が増えることになり、得をすることになりますが、家賃請求することで、家賃を受け取ることで、契約開始日から特定の借主のためだけに部屋を提供する義務も生じます。契約時に前家賃について借主によく説明しておくことが必要です。

■ 日割家賃の支払い

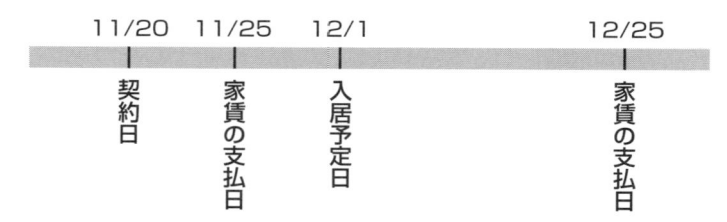

```
11/20    11/25    12/1                12/25
契約日    家賃の支払日  入居予定日         家賃の支払日
```

➡ 実際に入居するのが12/1であったとしても、
　11/20から11/30までの家賃も支払う必要がある

■ 時価の種類

種類	内容
① 取引価格（実勢売買価格）	現実の売買価格に基づく実勢の価格。
② 公示価格（標準価格）	毎年1月1日に改定され、3月末に公表される。取引価格の約90%。
③ 相続税評価額（路線価格）	地価公示価格と同時に改定され、8月頃に公表される。公示価格の約80%。
④ 固定資産税評価額	固定資産税を課税するための時価で3年ごとに見直される。公示価格の約70%。

6 賃料改定をめぐる問題点について知っておこう

賃貸人も賃借人も賃料の変更を請求できる

● 物価上昇分についての値上げ

　賃料は、本来は賃貸人と賃借人の合意によって決まるものですから、後から賃料の是非を争うのは一般的には、あまりよいこととはいえません。しかし、経済の状況は絶えず変化します。土地建物の税金、近隣の不動産価格や賃料の相場など諸々の事情が変わり、一度は決めた賃料が不相当になることは否定できないでしょう。

　そこで、賃貸人または賃借人のいずれからも、賃料の増減を請求することが認められています（借地借家法32条1項）。

　賃料の金額の変更が認められるのは、以下のような正当な理由がある場合に限られます。

・税金など、土地や建物にかかる経費の増加があった場合
・経済事情の変動によって物件の価値が大きく変化した場合
・近隣の同種の賃料と大きな差がある場合

　契約書に賃料の変更について言及していない場合でも、値上げをすることは不可能ではありませんが、将来的に賃料を上げる可能性がある場合、契約書には将来の状況によっては賃料の変更も行うことがある旨を明記しておく必要があります。

　ただ、賃料の値上げや値下げは、貸主と借主との間で利害が相反する問題であるため、すんなりと話が通らないことも多く、トラブルも頻繁に起こっています。そのため、中にはあらかじめ契約書に「何年経過した後は家賃を○円値上げする」というように明記し、年数が経

つごとに値上げをする額を決めてしまっている場合もあります（賃料自動改定特約）。

　賃料の値上げに正当な理由があれば、値上げをすることに対して、借主からの同意は必要ありませんが、借主がいつも値上げに納得してもらえるとは限りません。同意を得られなかった場合、貸主と借主の間で賃料の交渉を行うことになるのですが、そこでも折り合いがつかないとなると、調停（120ページ）や訴訟（124ページ）に発展するおそれもでてきます。

　もし、訴訟ということになれば、最終的な賃料は裁判によって決定されることになります。裁判でも値上げの理由が客観的かつ正当性のあるものであるかが争点となるでしょう。また、賃料の値上げを認めるとした場合でも、貸主の提示した金額をそのまま認める場合と、それより低い金額で値上げを決定する場合とがあります。

　なお、定期借家契約では、賃料改定に関する特約を定めることで、賃料増減請求権は適用除外となります（借地借家法38条7項）。

◉ 賃料増額はどの程度までできるのか

　賃料をいくら増額請求するかということに上限が定められているわけではありません。しかし、近隣と見合わないような賃料を賃借人が受け入れないことは明らかです。

■ 家賃の増額請求

```
                    増額された家賃     将来に向って効力を生ずる
                         ↓         ────────────→
━━━━━━━━━━━━━━━━━━━━━━━━━━━━━━━━━━━━━━━━━━━
┌──────────┐              現
│10年前の  │ →           在
│契約時の家賃│
└──────────┘
```

協議が整わなければ民事調停、それでもうまく行かないときには裁判によって賃料が決定されることを踏まえると、最終的には増額が相当と証明できるだけの確実な資料や根拠があるかによって増額できる金額が決まることになります。

借地借家法では、賃貸借契約の当事者は賃料の増額を請求し、裁判によって新しい賃料の額を決定すると定められていますが、賃貸借契約の中で「賃料の増額はしない」と定めている場合には、賃貸人は賃料の増額を請求することはできません（借地借家法32条）。

● 賃料自動改定特約を置くことはできるのか

たとえば「5年毎に5％賃料を増額する」というように、賃料自動改定特約を置くことは自由です。不動産が高騰している頃には実際に行われていたようです。

しかし、結果として賃料が不相当に高額となれば、賃借人から減額を請求されることは否定できないでしょう。これを認める裁判例もあります。また、あまりにも賃借人にとって不利な賃料自動改定特約であれば、その特約自体が無効となってしまう可能性があります。

賃料自動改定特約を設定する場合、通常は、最初の賃料を安くして徐々に賃料を高くしていきます。たとえば、周辺の家賃相場よりも2

■ 賃料自動改定特約の規定例

第○条
　賃料は1年ごとに改定する。改定ごとに賃料は年2％ずつ増額する。

※注意点
・通常は当初の賃料を安くしておき、徐々に賃料を増額していくことで賃料を相場に近づけるという手法がとられる。
・改定による賃料増額の幅があまりにも大きいと、賃料自動改定特約自体が無効になる可能性がある。

第4章　入居期間中の管理や家賃をめぐる法律知識

万円ほど賃料を安くしておき、契約更新のたびに1万円ずつ賃料を増額していき、最終的に相場と同じ程度の賃料とします。こうすれば、賃借人の負担が不当に重くなるということはありませんので、特約が無効になることはないですし、賃貸借契約を締結した直後は賃料が安くなっていますので集客効果も見込めます。

● 過去の家賃についての増額請求の可否

家賃の変更については、借地借家法32条に「当事者は、将来に向かって家賃の増減を請求することができる」と規定されています。

つまり、過去に支払ずみの家賃に対して、遡って増額を請求することはできません。

貸主と借主側との間では、契約の時に決めた家賃の額が契約内容であり、両者を拘束しますから、遡って変更することは認められていないのです。家賃は、貸主が借主に対して値上げを請求してはじめて増額され、過去には遡らず、将来に向かって効力が生じることになります。

● 賃料表示の仕方について

居住用物件として賃貸する場合には原則として非課税ですが、オフィスや事業用物件として賃貸する場合には、賃料に消費税がかかります。賃料の表示の仕方については、賃料を含めた総額表示が義務付けられています。そのため、税抜価格を併記するのでなければ、消費税を含めた総額を表示します。詳しくは税務署などに確認しておくことが必要です。

賃料改定で、賃借人とトラブルが生じた場合、せっかく賃借人との賃料の協議が整ったにも関わらず、実は消費税は別であることを後で主張したばかりに協議が白紙撤回になるのでは元も子もありません。これを防ぐためにも、賃料に消費税を含むか否かをきちんと表示しておきましょう。

● 賃借人が賃料の減額を求めてきたら

　借地借家法は、賃料の増減が当事者間での協議で整うことを認めていますから、これによって解決することがよいでしょう。協議が整わない間は、賃貸人は減額の裁判が確定するまでの間、相当と認める賃料を請求することができます。ただし、これが裁判によって確定した賃料を上回る場合、賃貸人は受領時から年１割の利息をつけて返還しなければならなくなりますので注意が必要です（32条３項）。

● 話し合いがまとまらないときは

　賃料の増減について当事者間の協議が整わないときには、裁判所が賃料を確定することになります（32条２～３項）。

　裁判所に訴えを提起する前に、原則として、土地または建物の所在地を管轄する簡易裁判所に調停（120ページ）を申し立てる必要があります。調停を申し立てずに訴えを提起しても、先に調停が行われます（民事調停法24条の２）。

　調停とは、調停委員会が当事者双方の言い分を聞き、あるいは互譲を促すことで、条理にかない実情に即した解決をめざす手続です。

　民事調停委員はこの種の事件を多数扱い、相場にも詳しいので、協議がまとまらないときには利用するのがよいでしょう。

■ 借主からの減額請求後の家賃

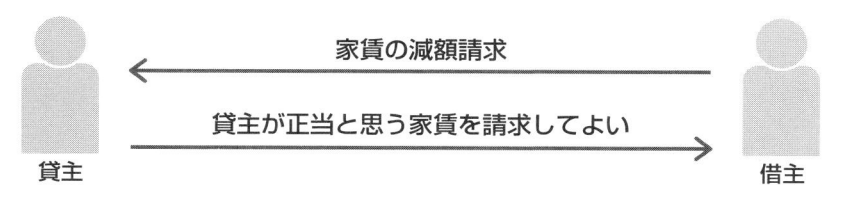

貸主　←　家賃の減額請求
貸主　→　貸主が正当と思う家賃を請求してよい　借主

第４章　入居期間中の管理や家賃をめぐる法律知識

Q マンション経営をしていますが、家賃の値上げに反対する借主にどのように対処すればよいのでしょうか。

A 賃貸借契約で定められているマンションの家賃の額は、その契約で変更についての合意がある場合を除き、そのままの額で固定されます。家賃の額を貸主と借主のどちらかが勝手に変えることはできないのが、民法上の原則です。ただ、当事者には、借地借家法によって賃料の増減を請求する権利が与えられています。具体的には、次の①〜③のいずれかに該当すると、将来に向かって家賃の増減を請求できます。

① マンションやその敷地に対する税金、その他の負担額の増減によって、土地やマンションの価格が上下した場合
② 経済的な状況の変化により土地やマンションの価格が増減した場合
③ そのマンション付近の同じようなマンションの家賃と比べて不相当な額となった場合

判例（裁判所の判断のこと）によると、賃料の増額請求が認められるためには、建物の賃料が近隣の建物の賃料と比較して不均衡になれば足り、一定期間の経過は必ずしも必要とされていないようです。

ただ、増額の請求については、賃貸借契約に「一定期間増額しない」という特約がある場合にはできません。特約がない場合、家賃の増額の請求は認められます。増額される金額について話合いをしてもまとまらない場合には、第三者を交えた話し合いや調停を試みることになります。その場合、貸主としての主張を述べると共に、借主の言い分を聞き、妥協点を探るようにしましょう。調停での解決案の提示に納得できない場合、最終的には裁判で決着をつけることになります。

Q 近隣の家賃と比べて高いことを理由に借主から家賃の減額請求をされたのですが、応じなければならないのでしょうか。

A 建物の貸主・借主は、不動産の価格や近隣との均衡を考慮して、賃料の金額が不相当と考えた時には賃料の増減を請求することができます。賃料が不相当だという根拠があれば、貸主からの値上げ要求はもちろん、借主からの値下げ要求も法的に正当な権利として権利の行使が認められることになります。家賃増減請求の具体的な条件としては、土地や建物に対する租税（固定資産税、都市計画税など）や管理費などの増減、土地や建物の評価額の増減、その他経済状況の変動、近隣の同程度の賃貸物件の家賃との比較などにより、現行の家賃が適正な額でなくなったことが必要とされています。減額請求に応じない場合には、家賃算定の根拠や近隣相場との比較といった事実関係を明記した書面を借主に送付して理解してもらうようにしましょう。当事者の話合いだけではうまくまとまりそうにない場合には、民事調停を申し立て、妥協点を探ることになります。このように、家賃の増減をめぐるトラブルについては、いきなり訴訟で争うのではなく、まず調停で解決を試みることが必要です（調停前置主義）。

ただ、調停でも歩み寄りすることができず、白黒決着つけるしかないという場合には、訴訟を提訴することになるでしょう。訴訟で家賃の額に決着がつくまでには、通常数か月の時間がかかります。この間にも当然家賃は発生するわけですが、この場合、訴訟が確定するまでは家賃の増減額の請求を受けた側が適切と思う額の家賃を暫定家賃として授受することとされています。借主から減額請求を受けた場合、貸主は自分が適切と思う家賃を請求します。調停や訴訟の後、もし借主の払った家賃に過払い分がある場合は、貸主はその超過分を借主に返還することになります。

7 賃貸人の修繕義務について知っておこう

法律で定められた賃貸人の義務である

● 賃貸人が修繕をしなければならない範囲とは

　賃貸借契約において、賃貸人（大家）は賃借人に対し、居住に適する物件を賃貸しなければなりません。もちろん、賃借人が故意または過失で傷つけた場合は、賃借人が修繕しなければなりませんが、賃借人のせいではなくて物件が破損または汚損し、生活に支障を来す場合、賃貸人が修繕する義務を負います（民法606条1項）。「生活に支障」を来すとは通常、物件が「住居として用をなさないような破損」と考えられています。たとえば配水ポンプが壊れて水が出ないような場合です。賃貸人が修繕義務を怠ると、破損や汚損によってそのままでは賃借人の生活に支障が生じている状態ですので、賃借人の方で修繕を行うことになるでしょう。修繕にかかった費用は部屋の管理・維持のために必要な費用といえますので、必要費（78ページ）と扱われるのが通常です（民法608条1項）。必要費は本来、賃貸人が支出すべき金銭ですから、賃貸人は費用を負担した賃借人から、「直ちに」費用を請求されることになります。賃貸人が支払いを拒否すると、留置権（物を留め置くことにより、間接的に支払いを強制できる権利）に基づき、必要費が支払われるまで建物の明渡しを拒まれるおそれもあります（民法295条1項）。また、あらかじめ必要費を支払わない特約を契約書で定めたとしても、消費者契約法10条により無効となるおそれがあります。

● 賃料の減額や相殺を求められる場合とは

　賃貸人による修繕が行われず、賃貸物件の一部が使用できなくなっ

た場合、賃借人から賃料の減額請求（一部の支払拒絶）をされることもあります（民法611条1項）。排水管が詰まったのに賃貸人による修繕が行われなかった事例では、賃料3割相当額の支払拒絶が裁判で認められたことがあります。また、修繕を賃借人が行った場合、相殺を禁止する特約（民法505条2項）がない限り、必要費と賃料の相殺を求められることもあります。ただし、費用が家賃の数年分にあたるような場合は、賃貸人の生活基盤を脅かすことにもなりかねませんので、そのような場合は相殺を拒否することもできるでしょう。

● 修繕についての費用は負担させることができる

民法606条の修繕義務については当事者同士で異なる定めをすることができますから、必要な修繕のうち一定のものを対象として、賃借人が修繕し、またはその費用を負担するという特約をすることは可能です。もっとも、どんな修繕も賃借人に行わせてよいというわけではなく、比較的小規模な修繕については、「小修繕は賃借人が行う」旨の規定を契約書に入れるのが一般的です（75ページ）。その上で、「小修繕」を明確にするため、一覧表などで具体的に記載します。

● 修繕にかかる費用は適正なものでなければならない

賃借人に修繕費用を負担してもらう場合であっても、適正な金額を超えて請求できないことはもちろんです。しかし、どこまでを適正というかが難しい場合もあります。たとえば、賃借人が建物の外壁1枚に著しい傷をいれたので業者に修繕を頼んだところ、その1枚だけ交換してもよかったが、1枚だけきれいなのも見栄えが悪いので、結局1面10枚を取り替えてしまったとしたらどうでしょう。1枚の修繕費用を超える部分は適正とはいえません。外壁9枚の利益は賃貸人が得たといえるからです。なお、リフォームについては修繕と異なり、賃貸人には義務はありません。リフォーム請求を承諾するか否かは、賃

貸人の自由です。次のチェックポイントで判断するとよいでしょう。
・賃貸人としての目線で考えて必要性がなければ、検討しない
・必要性があっても、次の入居者募集に役立ちそうになければ断る
・賃借人の費用負担で退去時に撤去することを条件に承諾する

　ただし、リフォームにより増加した建物の価値が契約終了時に残っていれば、賃借人から有益費（22ページ）を求められることがあります（民法196条2項、608条2項）。

● 賃借人には受忍義務がある

　部屋の維持・管理に必要な修繕は賃貸人の義務です。修繕の結果、賃貸物件の機能が回復するので、賃借人にとってメリットがあります。そこで賃借人は、修繕に際してある程度ガマンをしなければなりません（民法606条2項）。これを修繕受忍義務と呼んでいます。賃借人が違反した場合、賃貸人は契約解除が可能です（横浜地裁　昭和33年11月27日判決）。ただし、受忍の限度を超えた場合、解除は認められません。たとえば賃借人が外泊しなければならない、大きな修繕工事の場合は、外泊費を賃貸人が一部負担するなど、一定の配慮が必要です。

■ 賃貸人の修繕義務の有無

例	修繕義務
少しの雨で雨漏り	○
ドアに鍵がかからない	○
窓わくが外れた	○
ドアの開閉時に気にならない程度にギイギイ音がする	×
支障のない程度に戸の立て付けが悪い	×
畳、建具が使える程度に老朽化	×
借主の過失による破損	×

8 用法違反や目的外利用について知っておこう

使用方法について契約で定めておくことが大切である

◉ どんな場合に用法違反にあたるのか

　賃借人は、建物を契約または建物の性質によって定まった用法に従って使用する義務があります（民法616・594条1項）。

　建物の性質によって定まった用法というのは、住居の使用方法として非常識な使用はできないということです。つまり、「賃借人宅は子供が騒々しい」「ペットを飼っている」「あまり掃除をしない」「網戸が破れたままだ」というケースでは、まだ非常識な使用とまではいえません。ただ、建物の管理・維持をしていく上で、「非常識でなければどのように使用されてもかまわない」ということにはならないでしょうから、賃貸人としては望まない使用方法をあらかじめ契約で定めることになります。

◉ どんな規定を盛り込むとよいのか

　賃貸人の希望や過去の苦情を基に、制限すべき使用方法を契約内容に定めます。たとえば、「ペットを禁止する」「店舗にしない」「増改築をしない」「共用部分に物を置かない」といった事項です。賃借人の募集に差し障りがなければよいと思われます。

　もっとも、賃借人が契約書にサインしたとしても、たとえば、洗濯物の干し方、子供の騒ぎ声、などのように、建物を貸せば常識的に発生する内容を制限するような特約は、消費者に不利なものとして無効とされる可能性はあります。

◉ 用法違反があった場合には証拠を残す

　用法違反も契約解除の原因になりますから、紛争になっているときには交渉経過を記録に残し、使用方法を写真に撮るなどの証拠を残しておくとよいでしょう。ただし、プライバシー侵害になるような行為は避けるようにしましょう。

◉ 他の賃借人や近隣住民との関係を考える

　賃借人に迷惑行為があると、他の賃借人や近隣住民の生活の平穏が害され、賃貸人に苦情が持ち込まれます。このような苦情を防止して建物の安全を確保することは、賃貸人または建物所有者として法的義務の１つだということができます。

　そこで、迷惑行為の禁止特約を契約書に明記するようにしましょう。迷惑行為として、騒音、振動、異臭の発生、危険物占有、不衛生の放置、ゴミ、粗大ゴミ、廃品の放置、営業や大集会などが考えられます。

　このような迷惑行為は直ちにやめるように申し入れましょう。他人に迷惑をかける人間は、何も言われないと、見逃してもらったものと勘違いして繰り返す傾向があるからです。もし、迷惑行為がたび重なるようであれば、契約解除も辞さない態度で臨むべきでしょう。

◉ 解除や明渡しができる場合とは

　迷惑行為の禁止特約に違反する行為は用法違反にあたりますから、契約解除をすることが可能です。しかし、賃貸借契約は当事者の信頼関係に基づく継続的契約であるため、債務不履行が軽微であって、信頼関係の破壊に至らないときは解除できないという考えが確立しています。ですから、迷惑行為の内容、性質および程度、やめるように申し入れている状況やこれに対する賃借人の態度などを総合的に考慮して、賃貸人と賃借人との信頼関係が破壊している場合にはじめて解除が認められ、明渡し請求が可能になります。

第5章

賃貸トラブルと
法的解決法

1 トラブルを上手に解決するコツと法的手段について知っておこう

賃貸借契約を結ぶときは契約書をしっかり確認する必要がある

● トラブル解決のための手段を知っておく

　賃貸借をめぐるトラブルについては、トラブルを予防・解決するための手段として以下のものがあります。トラブルを予防するための手段としては公正証書（82ページ）があります。金銭債権について執行受諾文言つきの公正証書を手に入れれば、訴訟手続きを省略して、いきなり強制執行（125ページ）することも可能です。

　相手方に、何か要求したいことがある場合、証拠を残すために、口頭ではなく書面で伝えるのがよいでしょう。書面は、内容証明郵便（135ページ）を利用するのが一般的です。内容証明郵便は紛争解決の第一歩となるものです。当事者間同士の交渉の過程で話がまとまらない場合、支払督促や民事調停、訴訟のように裁判所に間に入ってもらうこともできます。

　また、債務者の協力が得られないときにはやむを得ず、債務者を相手にして進める法的手段が必要となります。たとえば支払督促（122ページ）や訴訟（124ページ）の提起がそうです。

　最後に訴訟などの判決で得た債権の内容を実現するための手続きが強制執行です。どのような請求を、どのように相手に対してするのかを中心に関係者をとりまく諸般の事情を総合的に考慮して、適時に適切な手を打っていく必要があります。

　以下、それぞれの手続きについて簡単に見ていきましょう。

● 民事調停について

　話合いで紛争を解決したいと考えたときにお勧めしたいのが調停で

す。調停は、第三者である調停機関が紛争の当事者双方の合意が得られるように説得しながら、和解が成立するために努力する手続きです。調停手続の進め方に厳格な定めはなく、紛争の実情に即して、当事者双方に納得のいく解決が図れるようになっています。建物の貸借や利用関係の紛争についての調停事件は、紛争の目的である建物の所在地を管轄する簡易裁判所、あるいは当事者が合意で定める建物の所在地を管轄する地方裁判所に申し立てます。

家賃の額をめぐるトラブルについて争いが生じた場合には、調停前置主義（訴訟を起こす前に、先に調停という手続きで判断すること）がとられているため、訴訟ではなく、まず民事調停を申し立てなければなりません。民事調停で提示された賃料の調停案でも当事者が納得できない場合に訴訟で争うことになります。

また、立退きをめぐるトラブルについても訴訟ではなく、調停で解決することができます。

調停が成立すると、調停調書には訴訟の確定判決と同一の効力が与えられますので、もし相手方が約束を履行しない場合は、強制執行に踏み切ることもできます。強制執行には調停調書の送達証明書が必要ですから、相手方に不履行の気配があれば早めに請求しておくべきです。

● 支払督促について

支払督促は、簡易裁判所の裁判所書記官を通じて相手方に対して債

■ 民事調停の手続きの流れ

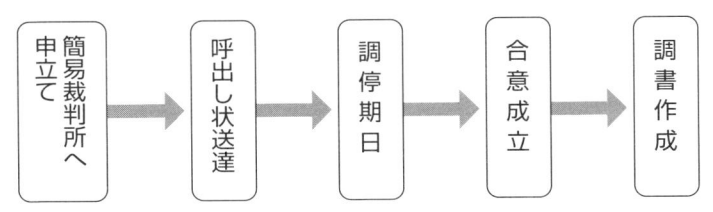

簡易裁判所へ申立て → 呼出し状送達 → 調停期日 → 合意成立 → 調書作成

務を支払うように督促する手続きです。対象となる債権は、金銭や有価証券などの一定数量の給付請求権です。金額に制限がないため、金額の大小に関係なく利用することができる点が大きなメリットです。支払督促の申立てを受けた裁判所（相手方の住所地を管轄する簡易裁判所）は、証拠調べや債務者に事情を聞くなどの行為は一切行わず、債権者の申立書を形式的に審査するだけで支払督促を出します。訴訟のように費用や時間はかかりません。支払督促は、貸主が家賃を請求する場合に利用することができます。

　支払督促が発付されると、正本が相手方（債務者）に送達されます。相手方が、送達を受けた後2週間以内に異議申立てをしない場合には、仮執行宣言（支払督促が確定していなくても、仮に強制執行してもよい、ということ）を受けることができます。その後、仮執行宣言つきの支払督促が相手方に送達されます。これを受け取ってから2週間以内に異議申立てがなければ、支払督促は確定し、訴訟による確定判決と同じ効力をもつことになります。

■ 支払督促申立手続きの流れ

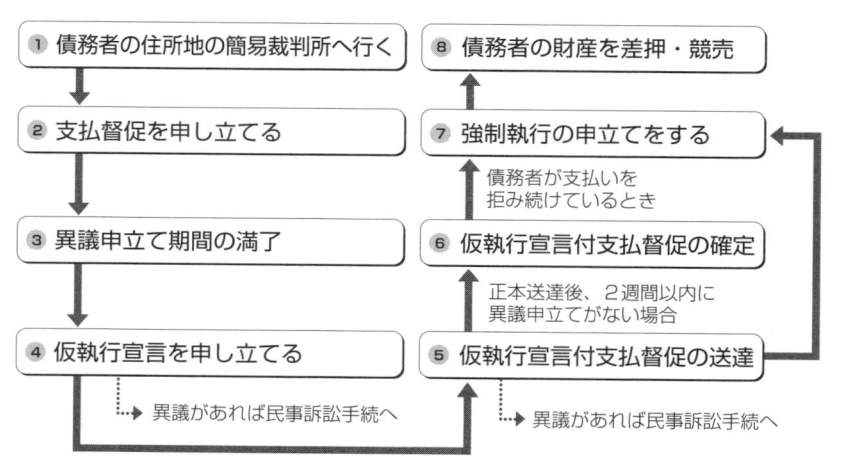

1. 債務者の住所地の簡易裁判所へ行く
2. 支払督促を申し立てる
3. 異議申立て期間の満了
4. 仮執行宣言を申し立てる
   → 異議があれば民事訴訟手続へ
5. 仮執行宣言付支払督促の送達
   → 異議があれば民事訴訟手続へ
6. 仮執行宣言付支払督促の確定（正本送達後、2週間以内に異議申立てがない場合）
7. 強制執行の申立てをする（債務者が支払いを拒み続けているとき）
8. 債務者の財産を差押・競売

■ 借地借家をめぐるトラブル解決法早わかり

```
┌─────────────────────────────────────────┐
│ 家賃の増減・賃料不払い・建物明渡し・敷金の返還・ │
│ 増改築・立退料の金額・更新料の支払いといったトラブル │
└─────────────────────────────────────────┘
              電話
              内容証明郵便
```

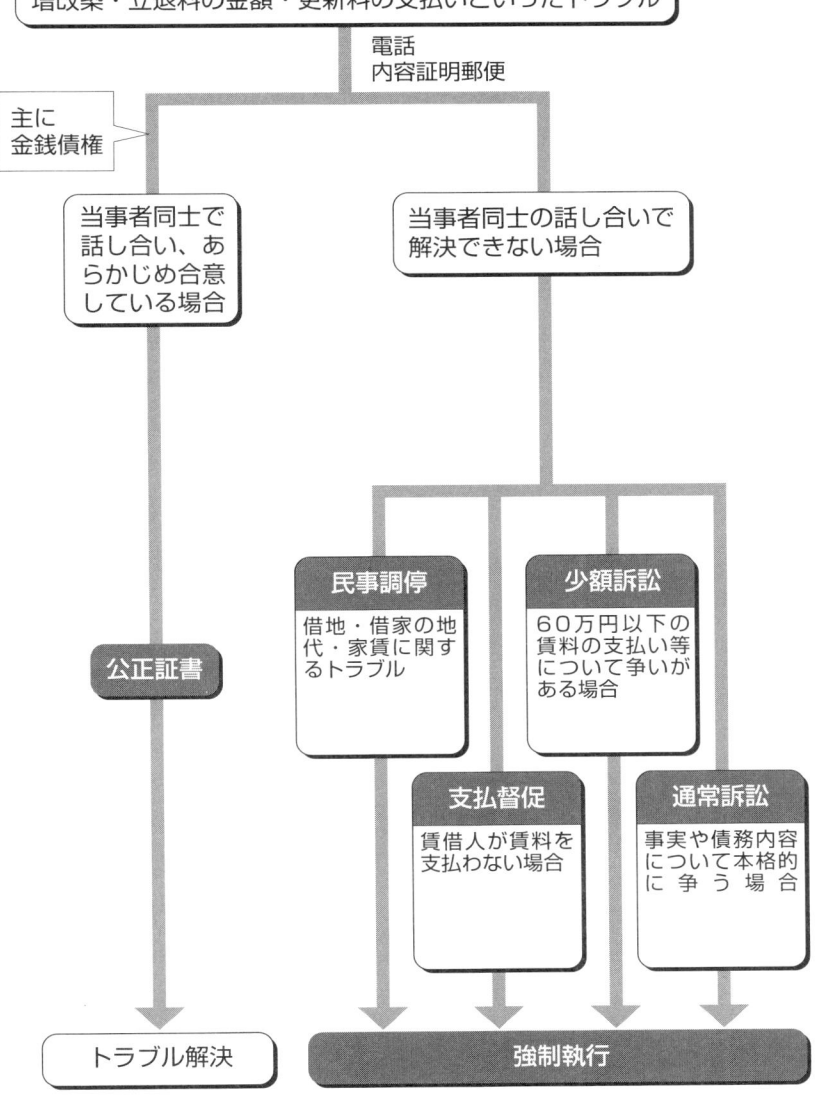

[主に金銭債権]

- 当事者同士で話し合い、あらかじめ合意している場合 → **公正証書** → トラブル解決
- 当事者同士の話し合いで解決できない場合:

民事調停
借地・借家の地代・家賃に関するトラブル

少額訴訟
60万円以下の賃料の支払い等について争いがある場合

支払督促
賃借人が賃料を支払わない場合

通常訴訟
事実や債務内容について本格的に争う場合

→ **強制執行**

第5章 賃貸トラブルと法的解決法

● 訴訟について

　貸主・借主の対立が激しく、歩み寄ることが困難な場合に利用を検討するのが訴訟です。訴訟にも短時間（原則として1回の審理で判決が出されます）で解決できる少額訴訟と通常の訴訟があります。民事事件では、訴えを提起する裁判所は、簡易裁判所か地方裁判所になります。訴額が140万円以下の場合は簡易裁判所、140万円を超える場合は地方裁判所が、第一審の管轄裁判所になるのが原則です。ただし、訴額が140万円以下でも不動産訴訟（不動産の明渡し訴訟や相隣関係訴訟など）であれば、簡易裁判所と地方裁判所が両方とも管轄裁判所になるので、どちらに訴えを提起してもかまいません。

　訴訟に持ち込むには、費用や時間という点や、債務者である借家人との将来の関係などの点を考え、それなりの覚悟が必要です。「最後は訴訟も辞さない」という構えは重要ですが、債務者の態度に応じて柔軟な対応ができることも大切です。

　訴訟を提起するにあたって、身近に相談できる弁護士がいないという場合には、日本司法支援センター（法テラス、0570-078374）へ問い合わせ、具体的な対応を検討するとよいでしょう。

　民事訴訟の手続きは、当事者の一方が訴状を裁判所に提出することにより、開始します。訴状が提出されると、裁判所は、訴状の副本（コピー）を被告に送付します。あわせて、訴状に書いてあることについて、認めるのか反論するのかを書いた答弁書を、裁判所に提出するように求めます。また裁判所は、期日に裁判所へ出頭するように当事者双方に呼出状を送ります。この期日が口頭弁論期日です。

　口頭弁論期日には、まず、原告が訴状を口頭で陳述します。次に、被告がすでに提出してある答弁書に基づいて、原告の陳述内容を認めるのか、それとも反論するのかを口頭で答えます。

　証拠調べを経て、争いがある事実につき原告・被告のいずれの主張が正しいのかを裁判官が認定し、訴状の内容の当否について裁判所が

判断できるようになると、口頭弁論は終結します。

一定の期間が経過すると、裁判所はあらかじめ指定しておいた期日に判決を言い渡します。

● 少額訴訟について

先ほど、訴額が140万円以下の場合は簡易裁判所が管轄になると述べましたが、訴額が60万円以下の場合、少額訴訟という手続きを利用することもできます。家賃請求などにおいても有効に活用できる制度といえるでしょう。少額訴訟で扱われるのは、60万円以下の金銭の支払請求です。少額訴訟では、原則として1回の期日で双方の言い分を確認し、証拠調べを実施して、直ちに判決を言い渡します。

原則として、相手方の住所のある地区の裁判を受け持つ簡易裁判所に起こします。少額訴訟では、原則として1回の期日で審理を終わらせることを前提としているため、提出できる証拠が出頭している当事者本人、当事者が連れてきた証人、当事者が持参した書証や検証物などすぐに取り調べることができるものに限られています。

少額訴訟は一審限りで、判決に対して控訴することは認められてい

■ 民事訴訟のしくみ

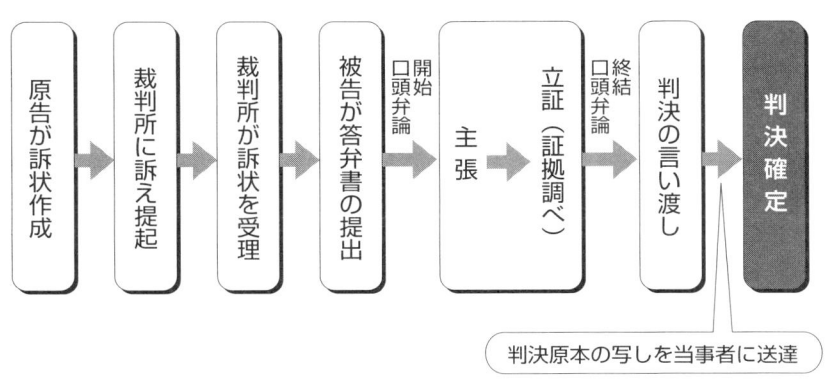

原告が訴状作成 → 裁判所に訴え提起 → 裁判所が訴状を受理 → 被告が答弁書の提出 → 開始 口頭弁論 主張 → 立証（証拠調べ）→ 終結 口頭弁論 → 判決の言い渡し → 判決確定

判決原本の写しを当事者に送達

第5章　賃貸トラブルと法的解決法

ません。その代わり、不服がある場合には判決をした簡易裁判所に異議を申し立てることができ、異議が認められると、手続は通常の民事訴訟手続の第一審手続に移行することになります。

なお、少額訴訟は、利用回数が制限されており、同一の原告が同一の簡易裁判所に対して行うことができる申立回数は、年間（その年の1月1日から12月31日まで）に10回までに限定されています。

◉ 強制執行について

せっかく苦労して手に入れた勝訴判決でも、それだけでは権利の実現は完全ではありません。判決は、紛争に対する裁判所の判断にすぎません。被告が判決に従って行動してもらえればよいのですが、中には、判決など全く意に介さない人もいます。そのような場合には、強制執行をしなければなりません。

強制執行は、国家機関が、権利者の権利内容を強制的に実現する手続きです。たとえば、滞納家賃の支払い請求訴訟に勝訴した原告が強制執行する場合には、判決に基づいて裁判所や執行官などの執行機関が被告の財産を差し押さえ、競売（裁判所へ申し立てることによって行う、債務者の不動産を売却してその代金から債権を回収する手続きのこと）にかけてお金に換え、それを原告に渡します。原告は、判決内容通りの結果を得ることができるのです。

家賃請求など、金銭の支払いを目的とする強制執行の場合、以下のような財産に強制執行を行うことになります。

・**不動産に対する強制執行**

不動産は高価な財産です。そのため、債務者が不動産を所有している場合には、それを金銭に換価して、債権を回収できる可能性は高いといえます。ただ、財産状態の悪い債務者については、すでに不動産に抵当権などの担保権が設定されているケースが多いので、その場合には担保権者に優先されてしまいます。

- **動産に対する強制執行**

　動産とは不動産以外の有体物です。具体的には、宝石などの貴金属、テレビなどの家財道具などを意味します。現金化しやすく高価なものについては、強制執行の対象として有効です。

- **債権に対する強制執行**

　債権とは、特定の者が特定の者に対して給付をすることを請求することができる権利一般です。ただ、ここで対象となりうる債権は、通常は金銭債権ということになります。具体的には、会社員の会社に対する給与債権、預金者の銀行に対する預金債権、国に対する国債、その他、貸金債権、代金債権などです。そのまま金銭になり、金額も明確なので、強制執行の対象としては有効です。

- **その他の財産に対する強制執行**

　不動産、動産、債権以外にも、財産的価値が高く、強制執行の対象となる特殊な財産もあります。特許権、実用新案権、意匠権、商標権、著作権といった知的財産権も対象となります。また、他にも、現金に換価することができるもので、強制執行の対象となる財産権もあります。

◉ 仮差押について

　借主が家賃を滞納しているような場合で、口頭や書面で請求しても支払わないような場合には、仮差押を検討することもあります。仮差押とは、金銭の支払いを目的とする債権（金銭債権）のための保全手続きで、金銭債権の債務者が所有する特定の財産について現状を維持させる民事保全手続きの1つです。

　仮差押の申立ては本案（仮差押の申立ての後に民事訴訟で争っていく事件のこと）の管轄裁判所、または仮に差し押さえるべき物や係争物の所在地を管轄する地方裁判所です。

2 入居者の自殺や行方不明にどのように対処すればよいのか

必要な説明を尽くさなければならない

● 入居者が自殺した場合の対応

　ここでは、入居者が自殺した場合に早く新しい賃借人に入居してもらうために、賃貸人が採ることができる手段について検討してみましょう。部屋のリフォームや大幅な改装を行い、次の人が入居しやすくする工夫が必要です。

　自殺の痕跡をそのままにして何も知らない賃借人を入居させることは、法的問題を生じさせる可能性があるため、避けなければなりませんが、通常、そのようなことをする賃貸人はいないでしょう。

　では、自殺による賃料収入減少の損害は賠償請求してもらえるのでしょうか。

　そもそも、自殺によって損害が発生したとしても、すでに賃借人は死亡しているのですから、損害賠償義務を負う者はいないだろうとも考えられます。しかし、賃借人の財産を相続した人がいるのに、賃貸人の損害はその財産によって全くてん補されないというのは不公平な感じがします。ですから、その相続人がいれば、一定期間の賃料収入が見込めないことについて、損害賠償請求を交渉する余地はあります。このような損害賠償請求を認めた裁判例もあるようです。

　また、新しい入居者に対しては、その部屋で自殺があったという事実を説明する義務があると考えられます。賃貸借契約から当然に導かれる義務ではありませんが、その部屋で自殺があった事実は、重要事項説明書に記載しなければならないとされています。自殺の事実について説明義務がないという立場もありますが、説明義務がないと考えたとしても、賃借人が入居後に自殺の事実を知れば、建物に隠れた瑕

疵（契約時に通常の注意をしても気づかないような欠陥や法的な問題のこと）があったものとして、瑕疵担保責任を問われる可能性があります（民法570条）。

部屋で自殺があった事実を知られてしまうと、新しい入居者は容易には現れないことが想像できます。しかし、説明義務違反や瑕疵担保責任が成立すれば、契約を解除された上、損害賠償も請求されかねません。このような不利益を負うくらいであれば、必要な説明は尽くした上、安い賃料で入居したもらった方が、回復が早いといえるでしょう。

● 賃借人が行方不明になったらどうすればよいか

賃借人が行方不明になると、その部屋を他の人に貸すことはできない上に、賃料ももらえなくなります。だからといって、勝手に部屋の残置物を撤去してはいけません。もし、入居者が戻ってきた場合には、違法な自力救済として損害賠償請求をされるおそれがあるからです。

行方不明の入居者が出た場合に迅速かつ適切に対応できるように契約書を工夫しましょう。具体的には、行方不明の場合に契約を解除できる旨の条項を入れ、併せて解除通知の送付先を規定しておきます。実務上は、「入居者が無断で1か月不在にした場合」に契約を解除できるとしているものが多いようです。一方、解除通知の送り先は、賃貸物件の所在地および連帯保証人の住所とします。そして、その送り先に送付したことをもって入居者に到達したと扱うことを規定します。一歩踏み込んで、入居者が所在不明になった場合には、「入居者が解約申入れをしたとみなす」旨の規定を入れる方法も考えられます。

実際に入居者の所在が不明になった場合は、本当に行方不明なのかどうかをしっかり調査することが重要です。行方不明ではなく長期出張や長期旅行の可能性もあるからです。

調査は、電気、ガス、電話などの利用状況や、親族、連帯保証人、緊急連絡先への照会などを行います。また部屋への立入調査も行い

す。部屋の家財道具が処分されており、夜逃げ同然の状況である場合や、書き置きがある場合は、明らかに賃借権を放棄したといえるので、解除が認められることもありますが、部屋には家財道具がそのまま残っていて、戻ってくればすぐに生活を再開できる状態だと、すぐに契約を解除するのは危険です。行方不明ではない可能性があるからです。この場合は、手間と時間はかかりますが、訴訟を提起し、裁判の中で契約を解除するのが安全です。

◉ 残置物の処分について

　契約を解除した後は、行方不明の入居者が残していった残置物の処分をどうするかが問題になります。残置物については入居者に所有権があります。したがって、残置物を勝手に処分すると他人の財産を勝手に処分したことになり、賃貸人としての責任を問われる可能性があります。もし契約の解除後に行方不明の入居者が見つかったのであれば、本人に部屋の荷物を引き取るように求めましょう。求めに応じない場合は、代わりに部屋の中の動産、造作についての所有権を放棄するという確認書を書いてもらうようにしましょう。この確認書があれば、賃貸人は残置物を自由に撤去・処分できます。なお、残置物の処分費用は、原状回復費用に含まれるので敷金から差し引くなどの方法で入居者に負担させます。

　一方、契約解除後も入居者が見つからない場合はどうすればよいのでしょうか。この場合は、訴訟を提起して、明渡しを命じる判決を得て、強制執行を実施し、執行官に家財道具を撤去してもらいましょう。

　なお、滞納している賃料があれば、裁判の際にその支払いを命じる判決も取得しておくとよいでしょう。そして、明渡執行の申立てと同時に動産執行の申立てを行い、動産（家財道具）の競売代金から滞納分の賃料を回収します。

Q 入居者がボヤをだした場合、入居者にどのような責任を問えるのでしょうか。

A 　入居者の不注意でボヤが発生し、部屋の設備が破損した場合に入居者が負う責任は、不注意の程度により異なります。本来、不注意によって他人の財産等に損害を与えた場合、不法行為責任を負います。しかし、失火については失火責任法が適用され、不法行為責任を負う場合が制限されています。具体的には、失火について、故意（わざとやった）または重過失（大きな不注意）がない限り、入居者は不法行為責任を負いません。したがって、入居者の寝タバコが原因でボヤが起こった場合、賃貸人は、入居者に不法行為責任を追及できません。

　ただし、入居者は、不法行為責任とは別に、債務不履行責任を負います。入居者は賃貸物を破損することがないよう大事に使用・保管する義務（善管注意義務）を負っています。ボヤによって部屋の設備を壊し、賃貸物件の財産的価値を減少させると、この善管注意義務違反（債務不履行）になるわけです。したがって、賃貸人は、入居者に対して、債務不履行を理由とする損害賠償を請求できます。

　また、入居者との契約を解除して、退去を求めることも可能です。火事によるリスクに備えるために検討しておくとよいのが借主の失火やガス事故などを補償する借家人賠償責任保険です。万が一の場合に備えて、賃貸人は火災保険に加入していますが、入居者にも借家人賠償責任保険に加入してもらえればさらに安心です。そこで賃貸借契約書の中に、入居者に対して借家人賠償責任保険への加入を義務付ける特約を入れましょう。なお、加入する保険は、通常、賃貸人の側で指定します。建物賃貸と保険は密接なつながりがあるため、この特約は適法と考えられます。また、入居者が保険に加入しない場合、契約違反になるため、契約解除が可能な場合があります。

3 家賃のトラブルにはどんなものがあるのか

賃料値上げのトラブルが頻繁に起こる

● 法的に争う価値はあるのか

　裁判によって貸主の言い分である、家賃の増額が認められた場合には、借地借家法の規定により借主側は、新たに認められた金額と、借主の提示した金額との差額を1割の利子をつけて支払う必要があります（借地借家法11条、32条）。逆に、裁判で借主側の提示した金額が賃料として妥当であると判断された場合には、借主がその金額を支払い続けることになるだけです。

　裁判をするには時間もかかりますし、いろいろな面でお金がかってしまうものです。たとえば、適正な賃料を決定するためには、不動産鑑定士による鑑定を依頼する必要性も生じます。

　これらのことを踏まえた上で考えると、貸主側と借主側との間で賃料の折り合いがつかないからといって、果たして訴訟を起こす価値があるのかどうか判断するのは難しいところです。不動産の鑑定料以外にも、訴訟にかかった費用についても自己負担となるからです。どれほどの賃料の変更を行うのか、賃貸物件の規模や収益率、借主の人数といった事情を考慮した上で、本当に訴訟を起こすべきなのかを考える必要があります。勝訴したとしても、それで得ることになった金額が裁判のための費用に消えてしまっては意味がありません。

● 値上げの申入れから供託まで

　実際に賃料の値上げを行おうという場合には、貸主は借主にその旨を伝えなければなりません。これを「値上げの申入れ」といいます。値上げの申入れの際には、よく内容証明郵便（135ページ）が利用さ

れています。内容証明郵便とは、郵便局がその内容を証明する文書のことです。なお、内容証明郵便の送付は、値上げを行いたい月から少なくとも数か月前には行う必要があります。

賃料の変更を借主に伝えるのは、必ず文書で行う必要があるわけではありません。しかし、値上げの申入れ後、「こんな変更には納得がいかない」「そんな値上げなんて知らない」という借主が現れる可能性も十分考えられます。そのような場合に備えるためにも、第三者によって証明してもらえる文書を証拠として残しておく方が安全です。もちろん、内容証明郵便には地価や固定資産税の値上がりといった賃料の変更に正当とされる理由をできるだけ具体的に書き加えておき、借主に納得してもらえるような内容にする必要があります。

なお、値上げの申入れを行うことができるのは、将来の賃料に対してのみです。内容証明郵便送付以前の月の賃料については、変更することはできません。

貸主より値上げの申入れがあり、もし借主がこの金額に納得できないという場合、借主が、供託という手続きをとる可能性があります。

供託とは、供託所という国家機関に財産を預けることです。借主が相当と認める額の賃料を貸主の「受領拒否」を供託原因とする弁済供

■ **供託の手続きの流れ**

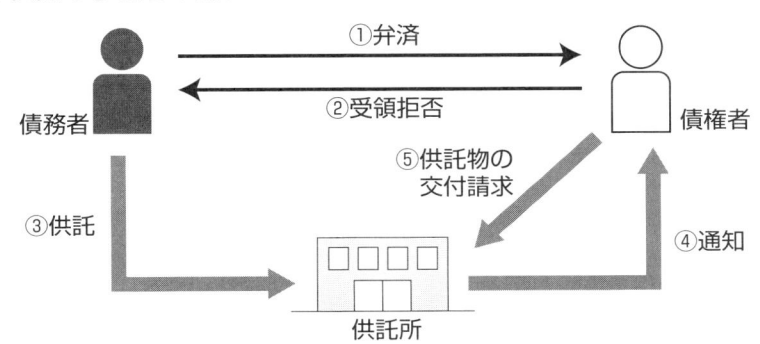

債務者 → ①弁済 → 債権者
債権者 → ②受領拒否 → 債務者
債務者 → ③供託 → 供託所
供託所 → ④通知 → 債権者
債権者 → ⑤供託物の交付請求 → 供託所

託をすることにより、借主の賃料債務が消滅することになります。
　ただし、訴訟の結果、賃料の値上げが相当と判断された場合には供託された額との差額を借主に請求することができるため、借主の供託により、貸主が家賃の値上げをできなくなるわけではありません。
　借主が供託した場合、貸主に、法務局から供託通知が送付されてきます。貸主は、法務局で借主が供託した供託金の払渡しを請求することができます。
　供託金を受領しても借主の主張を認めてしまうことにはなりません。ただ、供託金の受領後は、借主に対して、「供託金につきましては家賃の一部として取り扱うものとします」（下書式）といった文書を内容証明郵便などで送付し、争う姿勢を明らかにしておきましょう。

書式　供託された家賃を受け取るときの通知書

通知書

　当社は貴社に下記の建物を家賃1か月金35万円で賃貸してまいりましたが、平成○○年○月○日付けで、右家賃を1か月金40万円に値上げする通知をいたしました。
　ところが貴社は、当社の請求に応じず、平成○○年○月○日××法務局へ、平成○○年○月分の家賃として金35万円を供託されました。そこで当社としましては、右供託金を、平成○年○月分の新家賃の一部として受領いたしますので、ご承知おきください。今後もし貴社が供託された場合には、当社は貴社の供託金を新家賃の一部に充当いたしますので、あらかじめお断り申し上げます。

記

賃貸物件の表示〈省略〉

平成○○年○月○日
　　東京都○○区○○×丁目×番×号
　　　　　　　　　　　株式会社△△△△
　　　　　　　　　　　代表取締役　△△△△　印

東京都○○区○○×丁目×番×号
株式会社□□□□
代表取締役　□□□□　殿

Q 内容証明郵便はどのように作成・提出するのでしょうか。

A 　内容証明郵便で１枚の用紙に書ける文字数には制約があり、用紙１枚に最大520字までとされています（下図参照）。枚数に制限はありませんが、１枚ごとに料金が必要になります。

　こうしてできた同文の書面３通（受取人が複数ある場合には、その数に２通を加えた数）と、差出人・受取人の住所氏名を書いた封筒を受取人の数だけ持って、郵便局の窓口へ持参します。窓口は、内容証明郵便を取り扱っている窓口をあらかじめ確認しておきましょう。

　郵便局に提出するのは、内容証明郵便の文書、それに記載された差出人・受取人と同一の住所・氏名が書かれた封筒です。窓口で、それぞれの書面に「確かに何日に受けつけました」という内容の証明文と日付の明記されたスタンプが押されます。その後、文書を封筒に入れて再び窓口に差し出します。引き替えに受領証と控え用の文書が交付されます。差し出した郵便局では謄本を５年間保存しています。

■ 内容証明郵便を書く際の注意事項

用　紙	市販されているものもあるが、特に指定はない。 B4判、A4判、B5判が使用されている。
文　字	日本語のみ。かな（ひらがな、カタカナ）、 漢字、数字（算用数字・漢数字）。外国語不可。 英字は不可（固有名詞に限り使用可）
文字数と 行数	縦書きの場合　　：20字以内×26行以内 横書きの場合①：20字以内×26行以内 横書きの場合②：26字以内×20行以内 横書きの場合③：13字以内×40行以内
料　金	文書１枚（430円）＋ 郵送料（82円）＋ 書留料（430円）＋ 配達証明料（差出時310円） ＝1252円　　文書が1枚増えるごとに260円加算

4 家賃の不払いと契約の解除について知っておこう

解除する場合には事前の催告が必要である

● 賃料不払いは解除の理由となる

　賃貸借契約は、貸主と借主間に信頼関係があることを前提として行われる契約です。そのため賃貸借契約の解除（契約を解消すること）は、貸主と借主との間で信頼関係が破られた場合に認められることになります。借主の権利は、借地借家法によって手厚く保護されているので、貸主側としては、簡単に賃貸借契約の解除を請求することはできません。たとえば、借主が貸主に無断で部屋を他人に賃貸したり、部屋を勝手にリフォームしたりしていたとしても、直ちに契約を解除できないことがあります。

　一方、「借主が数か月賃料を支払わない」というのは、賃貸借契約の解除が認められやすい理由とされています。これは賃料の支払は賃貸借契約を継続していく上での借主の根本的な義務であり、この義務の不履行の事実が重視されるからです。また、支払の滞納は、貸主の賃貸経営にも大きな打撃を与えることになるため、早急に対処する必要があることも解除が認められる理由の1つです。

● 家賃不払いを理由に契約を解除するときの手続き

　実際に賃料の支払いを滞納している借主に契約の解除を請求する場合、まず滞納をしている借主に催告（賃料の支払を催促すること）する必要があります。催告にはできるだけ第三者にまで証明できるように内容証明郵便（135ページ）で作成して借主に送付します。

　一般的に契約を解除するには、催告の時点で「お金をいつまでに支払って下さい」という支払の猶予期間を通告します。そのため、賃貸

借契約の場合も、滞納されている賃料をいつまでに支払う必要があるのかを明記しておきます。この猶予期間については、だいたい10日間前後をメドに設定するのが一般的です。

ただ、特に住居用の物件で家賃が不払いになっている場合は、借主の経済状態がかなり逼迫している可能性もあります。そのため、猶予期間を定める際には、請求することになる賃料の額や、借主の経済状態もできるだけ考慮した上で判断する必要があります。そしてこのような催告を行っても借主が支払いに応じない場合は、改めて賃貸借契約の解除を請求することになります。

なお、催告を行っても滞納された賃料が支払われない場合のことを考え、あらかじめ催告の内容証明郵便には、ただ賃料の支払を要求するだけでなく、「猶予期間の間に賃料を支払わなければ、契約の解除を行う」という文言も記しておきます。

賃貸借契約が適法に解除された場合、借主は借りている物件を明け渡して出て行かなければなりませんが、中には滞納している賃料も一向に支払わないまま、物件の明渡しも行わないという悪質な借主も存在します。このような場合、貸主側は調停（120ページ）や訴訟（124ページ）を起こして、滞納されている賃料分の金銭の回収と、物件の明渡しを求めることになります。借主が物件を明け渡して出て行くということは、同時に新たな借主が現れるまでその物件には空きができてしまうことになります。

貸主としては、滞納されている家賃のみを回収したいだけで、何も契約の解除までは求めていないのだという場合もあります。そのため、できるだけ借主とは法廷で争うことはせず、和解する形で問題の解決を図りたいところです。裁判にかかるもろもろの費用のことを考えると、賃料の滞納分を請求するためだけに訴訟を起こすことは、あまり得策とは言えないからです。実際の裁判の多くは、滞納していた賃料や使用損害金の請求と同時に、明渡しを目的とした訴訟を提起するこ

との方が多いようです。滞納賃料や使用損害金は回収されない場合もありますので、実質的には明渡しを目的としているということです。

● どのくらいの家賃滞納期間があれば解除できるのか

賃料の不払いは契約解除を請求する際に最も効果がある理由になりますが、これは決して「賃料不払いがあった場合には、即刻賃貸借契約解除の請求ができる」という意味ではありません。

一般的には、ある程度借主の賃料不払いが継続されている状態になって、はじめて賃料の滞納による賃貸借契約の解除が認められるとされています。ここでの「継続して不払いとなっている期間」とは、契約の種類にもよりますが、毎月賃料を支払う契約であれば、少なくとも3か月以上は必要です。もし半年や1年といった長期で一括して賃料を支払う形の契約であれば、滞納期間も長くなります。

なお、地代や家賃には、消滅時効というものも存在します。消滅時効とは、平たく言うと時間の経過によって権利が失われる制度のことです。家賃・地代共に、支払期日から5年以上経ったものは時効とみなされ、請求することができなくなります（民法169条）。5年間も滞納家賃を放置するということはあまり考えられませんが、貸主は時効を中断するための手段（裁判での請求や借主の債務の承認）を知っておく必要はあるでしょう。

■ 賃料の滞納を理由とする解除の手続き

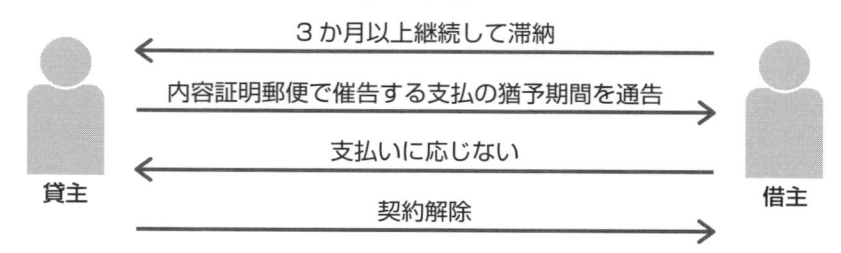

貸主 ← 3か月以上継続して滞納 ― 借主
貸主 → 内容証明郵便で催告する支払の猶予期間を通告 → 借主
貸主 ← 支払いに応じない ― 借主
貸主 → 契約解除 → 借主

書式 家賃滞納による契約解除の通知書（内容証明郵便）

通知書

　私は貴殿に対し、後記の通りの条件で、当方所有の後記の建物を賃貸しておりますが、貴殿は、平成○○年○月分から平成○○年○月分までの賃料３か月分、合計金○○万円の支払いを怠っております。つきましては、本書面到達後７日間以内に滞納額全額をお支払いくださいますよう、ご請求申し上げます。
　もし、右期間内にお支払いのない場合には、あらためて契約解除の通知をなすことなく、右期間の経過をもって、貴殿との間の本件建物賃貸借契約を解除いたします。

記

1　賃貸物件
　東京都○○区○○１丁目１番１号
　家屋番号５番
　木造瓦葺２階建居宅兼店舗
　床面積　１階　５０平方メートル
　　　　　２階　４０平方メートル
2　家賃　　１か月金○○万円
3　家賃支払期日
　翌月分を毎月末日限り支払う

（以下、日付、差出人・受取人の住所・氏名省略）

5 賃料の滞納と明渡し請求について知っておこう

借主がスムーズに退去するとは限らない

● 明渡しを請求するには準備が必要

　賃貸人は、賃借人が賃料を滞納しているからといって、当然に出て行けとは言えません。契約がある以上、賃貸人は建物を使用させる義務があるからです。

　ただし、賃借人が賃料を滞納している場合、賃貸人は相当の期間を定めて履行を催告し、なおその期間内に履行がないときは契約を解除することができます（民法541条）。契約が解除されると、賃貸人は契約終了を原因とする建物明渡し請求をすることができます。もっとも、賃料を支払わないほどの賃借人であれば、よほど債務超過になっているか、あるいは生活態度に問題がある人でしょうから、すんなり退去してもらえるとは限りません。賃借人に対して建物明渡しの強制執行をするためには、判決や調停調書などの債務名義（82ページ）が必要になります。そこで、裁判所に建物明渡し請求の訴えを提起します。滞納賃料の請求も併せてできます。

● 和解では譲歩が求められる

　訴えの提起は、建物所在地を管轄する地方裁判所に訴状を提出して行います。訴状が受理されると30日以内に第1回口頭弁論期日が指定され、賃貸人が原告、賃借人は被告として呼び出されます。第1回口頭弁論期日において、原告は出廷したが被告は欠席した場合、裁判所は原告の請求通りの判決を下します。一方、被告が出廷して原告の請求を争った場合、裁判所は第2回以降の期日を指定し、双方は言い分や証拠提出を尽くします。たとえば被告は、「催告を受けていない」

「建物を修繕してもらえない」などと主張することもあります。裁判所は双方に和解も試みます。和解とは当事者が互いに譲歩して紛争を解決することですから、賃貸人も賃料の減額に応じるなど、妥協点を探す必要があります。

　また、明渡しをめぐるトラブルでは、部屋を出て行った際に賃借人が残していった家財の所有権放棄について定められるので、賃貸人は賃借人の残置物を処分することも可能になります。

　裁判所で和解すると和解調書が作成され、判決と同じく強制執行に必要な債務名義となります。ですから、和解条項の内容が守られない場合には裁判所に申し立てて明渡しを行う強制執行手続きをとることが可能になります。判決までは1年程度かかることも少なくありませんし、長引く間に賃借人が一切を置き去って行方不明になれば、建物の後片付けも一苦労です。そう考えると和解も得策です。

◉ 賃借人に対する明渡しは簡単ではない

　賃借人に対して明渡しを強制執行するためには、そこを管轄する執行裁判所に強制執行の申立てをしなければなりません。その際には裁判所書記官の定める費用を支払わなければなりません。

　申し立てると、執行官が建物の占有状況を調査した上で、賃借人に対して明渡しの催告をし、催告に応じなければ強制的に賃借人を退去させることになります。このとき、賃借人の家財は賃借人やその家族に引き渡されますが、誰もおらず、引渡しができないときは執行官が売却します。賃借人の家財の引渡しや売却ができない間、執行官は賃貸人に家財の保管をさせることができますが、これは保管する賃貸人にとっても大きな負担となります。また、建物が生活の基盤であることを考えると、明渡しを求められた賃借人も本格的に争う構えを見せることもあります。早めに弁護士に相談し、対策を練るのがよいでしょう。

Q 契約書に「2か月家賃を滞納した場合は、理由を問わず契約解除できる」旨の特約を記載し、2か月家賃を滞納した場合に特約通り契約を解除し、立退きを要求することは可能でしょうか。

A 借地借家法には、契約更新や解約などについて借主に不利な特約を設けても、その特約は無効であると規定されています（30条）。借主がこの規定に基づき、特約の無効を主張することもありますが、今回の特約がこの規定の対象となって無効となるのかというと、そうではありません。裁判所の判例を見ると「特約自体は有効であるが、それだけを理由として契約解除することは認められない」とするのが一般的です。

判例では、住宅の賃貸借契約の解除を認めるにあたっては、当事者双方の信頼関係が修復不能かどうかを基準とすべきとされています。特約があることを納得して契約したにも関わらず、契約内容を破ること自体は確かに信頼関係を損なう1つの要因ですが、たとえば病気や事故などやむを得ない事情で家賃を滞納しているのであれば、その特約は借主にとって不利に働く条項であり、信頼関係を完全に崩壊させるほど悪質な違反とは言えない、というわけです。

実際には信頼関係が破壊されたかどうかは個々のケースごとに検討していくことになります。

結論から言うと、今の状態ですぐに特約を理由として契約解除をするのは難しいでしょう。契約解除を可能にするためには、特約違反に加え、督促（催促）をしたにも関わらずそれに応じようとしなかったなど、「信頼関係を損なう事実」を積み重ねることが必要になります。

6 賃料を滞納している賃借人への督促の仕方

あきらめず、強い意志で適法に対応する

◉ 賃料を滞納している場合にどのように催促すべきか

　賃料の滞納は重大な契約違反ですから、速やかな対応が肝心です。対応の仕方には、大きく分けて3段階あります。

① 滞納直後

　簡単なメモや電話で注意を促します。単に忘れているだけなら、すぐに支払うはずです。「支払いを待ってほしい」と申し出があれば、できる限り一部でも受け取り、残金の支払日を約束し、払ってもらうのがよいでしょう。

② 滞納後1か月経過しても支払がない場合

　請求の証拠を残すために、少なくとも賃貸物件や滞納金額を具体的に明記し、支払期限を設けて文書で請求します。滞納が長期化しないよう、釘を刺しておくためです。手紙や電子メールは、コピーを取り保存します。電子メールも証拠になります。

③ 滞納後3か月経過しても支払がない場合

　いずれ裁判になることを考え、文書を内容証明郵便（135ページ）で出します。支払期限までに支払われない場合、契約を直ちに解除する文面も加えます。また、相手に「受け取っていない」と言わせないよう、配達証明もつけて出します。すでに滞納がかなり進行しているので、賃料回収と同時並行で契約解除を進めます。

◉ 悪質な滞納者に対しての対処法

　何度書面を送っても、一向に支払に応じない借主もいます。
　このような場合、借主に法的手段に出ることを伝え、裁判所で支払

督促（122ページ）を出してもらうのがよいでしょう。

　また、賃料滞納が数か月続くのであれば、明渡しを求めて裁判を起こすことも検討します。家賃の支払を滞納し続ける借主ですから、訴状の受取りも拒否する可能性はありますが、「執行官送達」（執行官が直接相手に訴状を渡す）を利用することで、訴状を届けてもらうことができます（民事訴訟法98条、99条）。ただし、法的手続きをとる場合には、事前に弁護士などに相談してから行うようにしましょう。賃料の滞納は重大な違反です。しかし、いわゆる「夜討ち朝駆け」をしたり、鍵を交換したり、職場に連絡するなどして、賃借人の生活の平穏を妨げてはいけません。逆に、損害賠償を請求されるおそれがあります。

　決してあきらめず、時間をかけ、あくまで適法に対処しましょう。

● 家賃を滞納した借主に請求する遅延損害金の設定方法

　遅延損害金とは、金銭の支払いが遅れたときに課せられるペナルティ料で、「延滞金」ともいいます。遅延損害金の金額は、契約書に特約条項がなければ、年5％の割合で計算されます。

■ 賃料の督促

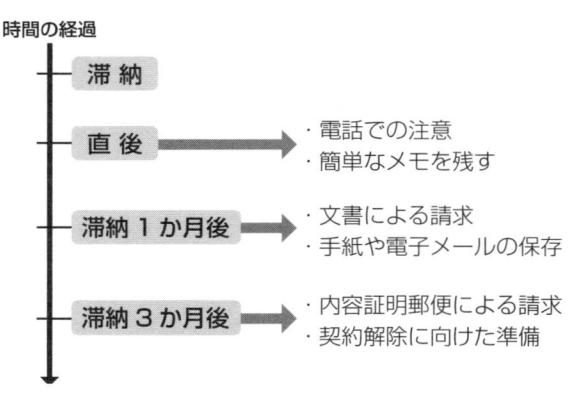

時間の経過

- 滞納
- 直後 → ・電話での注意
　　　　・簡単なメモを残す
- 滞納1か月後 → ・文書による請求
　　　　　　　・手紙や電子メールの保存
- 滞納3か月後 → ・内容証明郵便による請求
　　　　　　　・契約解除に向けた準備

契約書に、「借主が家賃を滞納したときは、滞納した家賃の年○％相当額の遅延損害金を支払う義務を負う」という特約条項があれば、その特約に従うことになります。ただ、あまり高い率（または金額）の遅延損害金を定めた特約は、特約自体が無効になります。具体的には、消費者契約法が適用されるケースの場合、年利14.6％を超える遅延損害金は無効です。したがって、契約書で借主に対する遅延損害金を定めるときには、年利14.6％以下で定めなければなりません。
　実務上、契約書に遅延損害金について条項を設けるのは、家賃の滞納を防止しようとする予防線のためのものであり、遅延損害金をとること自体を目的としないこともあります。
　貸主としては事前に借主に対して「家賃の支払が遅れそうな場合には、あらかじめ連絡を入れてほしい」といったことを明確に伝えておくのがよいでしょう。

■ 貸主側から契約を解除するには

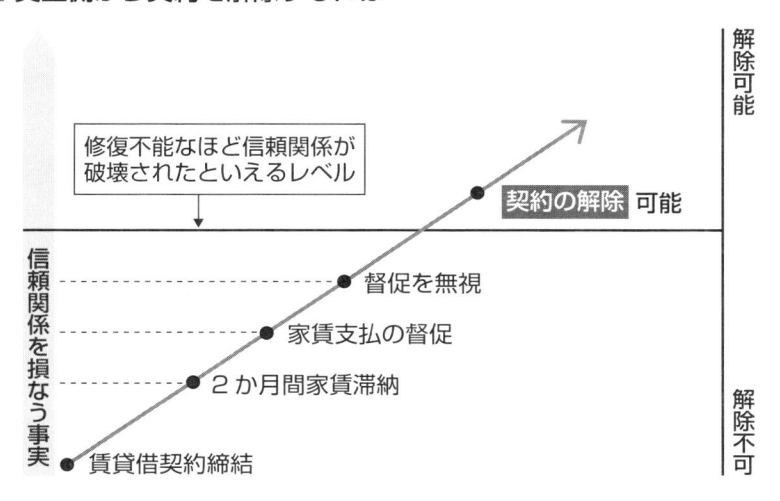

（信頼関係を損なう事実）

- 賃貸借契約締結
- 2か月間家賃滞納
- 家賃支払の督促
- 督促を無視
- 修復不能なほど信頼関係が破壊されたといえるレベル → 契約の解除 可能

解除可能／解除不可

Q 賃料の滞納を何度となく繰り返す借主をすぐにでも追い出したいのですが、即日退去してもらうことは可能でしょうか。

A 家賃の著しい滞納や不払いは借主側の「契約不履行」に該当します。しかしこれを理由に即座に契約を解約できるのかというと、そうではありません。

賃貸借契約というものは信頼関係から成り立っており、その信頼関係が破壊されるほどの義務違反が生じなければ契約を解除することはできないというのが一般的な解釈です。数回の催促にも関わらず借主が常識的に応じない状態を信頼関係が破壊される程度の義務違反と解釈することはもちろん可能ですが、契約を解除するためにもう１つ大切なのが「催告」です。催告が行われて初めて契約を解除することができます。契約時に無催告で解除できる「無催告解除条項」をつけることはよくありますが、裁判所の判断では、そのような特約は、催告しなくても不合理とはいえない事情がある場合に限って有効と認められているようです。したがって賃料の滞納があった場合には、即日退去を求めるのではなく、まずは、催告をすることになります。

催告は、一般には文書で行います。文書はハガキでもかまいませんが、催告をしたことの証拠が残るように内容証明郵便を利用するとよいでしょう。内容証明郵便の文面には、「本状を受け取ってから○○日以内に滞納している賃料を支払わなければ契約を解除する」と明記しなければなりません。郵便を受け取っていないと言われないように、忘れずに配達証明をつけて送付するようにします。

紛争を早く解決したいような場合には、少額の立退料を支払う方法もしばしばとられます。

7 賃借人や保証人の破産について知っておこう

破産のみを理由とする解除はできない

◉ 入居者の破産は解除理由になるのか

　借主が破産（61ページ）すると、貸主は借主から賃料を確保することが難しくなるケースがあります。そのため、貸主としては、契約を解除し、新たな借主を探した方が安心できます。

　そのようなこともあり、従来は、借主が破産した場合には、法律上、貸主は借主に対して解約の申入れをすることが認められていました。

　しかし、破産した借主の今後の更生を考えると、解約されてしまうというのは酷です。そのため、破産者に復活の機会を与えるといった理由もあり、破産法や民法などが改正され、借主が破産したことだけを理由に、貸主は賃貸借契約を解除することができなくなっています。

　一般的な賃貸借契約書では、破産を解除事由とする特約をつけていることはありますが、特約は当然に有効とまではいえません。このような特約は、破産者に復活の機会を与えようとした法律の改正の経緯にそぐわないものですし、賃貸人の解除権を制限する借地借家法の趣旨に反し無効ともいえるからです（最判昭和43年11月21日）。

　ただ、借主が賃料の支払いを怠った場合には、原則通り、賃貸借契約を解除することができます。当然、このような場合でも、1、2回の滞納ではできず、貸主との信頼関係を破壊する程度の回数（3か月以上）滞納してはじめて解除されることになります。

　借主が破産したことにより、賃料が支払われないのではないかという不安は生じるでしょうが、賃料の不払いが現実にならない限りは、契約を解除することはできません。債務者が破産した場合の賃料については、破産手続開始後の賃料債権は債務者の財産で構成される破産

第5章　賃貸トラブルと法的解決法

財団から、破産手続きを経ずに弁済を受けられる債権（財団債権）とされるので、一応、破産手続き開始前に生じた破産債権よりも先に弁済を受けることができます（破産法148条）。

なお、借主が破産した場合、貸主からは解約の申入れができませんが、破産管財人（破産をした借主の財産を管理する者）は解約の申入れをすることができるとされています。ただ、解約の申入れをするかどうかはあくまで破産管財人しだいです。

● 連帯保証人の破産を理由に解除できるのか

連帯保証人が破産すると、賃貸人は建物賃貸借契約を解除できるという旨の法律上の定めはありません。そこで、連帯保証人の破産が解除事由として特約されるケースがあるようです。

賃借人が連帯保証人を立てる義務を負う旨の特約自体は有効ですが、前述の通り、賃借人の破産を解除事由とすることさえ容易に認められないことからすると、連帯保証人の破産を解除事由とする特約は、なおさら認められないものといえるでしょう。

とはいえ、連帯保証人がたびたび賃料を代わって支払っていた上に、連帯保証人の破産や賃料滞納などの事情が積み重ねられているのであれば、賃貸人と賃借人の信頼関係は破壊されているといえ、解除が認められることはあるでしょう。

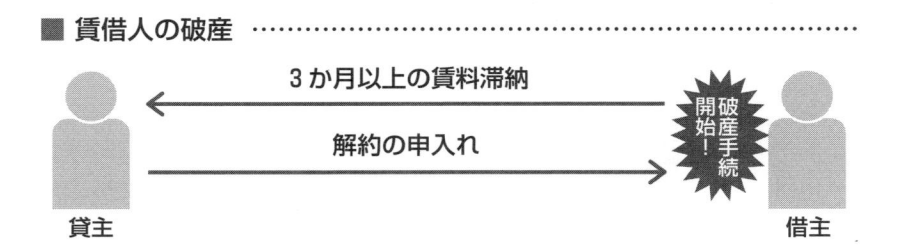

■ 賃借人の破産

貸主 ←―― 3か月以上の賃料滞納 ―― 借主（破産手続開始！）
貸主 ―― 解約の申入れ ――→ 借主

第6章

契約解除・原状回復に関する法律知識

1 正当事由と立退料について知っておこう

貸主の事情、借主の事情、借家契約で定めた事情を考慮する

● 更新拒絶には正当事由が必要

　賃貸借契約の期間の終了時に、借主は家屋を立ち退くか、貸主と協議して契約の更新を行うことになります。ただ、貸主は自由に更新を拒絶できるのではなく、更新を拒絶しても妥当といえるほどの正当な事由（正当事由）がない限りは更新を拒絶することはできません。

　正当事由の内容として、具体的には、①貸主の事情（現在の住居の状態や家族数、職業、経済状態など貸している建物が必要な理由）、②借主の事情（職業、家族数、経済状態、転居が可能かどうかといった事情）、③借家契約で定めた事情が挙げられます。

● 立退料の支払いによる調整

　立退きに関する訴訟では、正当事由の妥当性が問われます。正当事由が認められれば貸主は勝訴しますが、微妙なケースも多数出てきます。借主にも相応の事情がある場合には、貸主は借主に立退料を払って事態を解決するという方法が広くとられるようになっています。そして、立退料は正当事由を考慮する際の1つの事情として考慮されます。貸主が高額の立退料を借主に提供すれば、裁判所は「正当事由がある」と判断する可能性が高くなりますし、立退料を提供しなければ「正当事由はない」と判断する可能性が高くなります。

　高額な立退料を提供したからといって必ず正当事由があると裁判所が判断するわけではありませんが、可能性を高めるという意味で、借主に退去してほしいと考えている貸主は、多額の立退料を準備すべきであるといえます。

なお、紛争が裁判所に持ち込まれてしまうと膨大な時間と費用、そして労力が費やされてしまいますから、訴訟を行う前に立退料を提供して紛争を解決するのは有効な手段ということができるでしょう。

● なぜ立退料を支払うのか

立退料とは、貸主の都合で借主に立退きを請求しなければならないような場合に貸主から借主に支払われる金銭です。具体的には移転実費、開発利益の配分額、慰謝料、営業補償、借家であれば借家権の価格（借地であれば借地権の買取価格）などを考慮して支払われるものが立退料ということになります。立退料については借地借家法に規定があり、地主や貸主が更新を拒否する際の正当事由の一要素として立退料を考慮するということを定めています（借地借家法6条、借地借家法28条）。

貸主が借主に立退きを要求する理由としては、①貸主が借家を使用する必要がある場合、②借主が家賃を納めないなど、賃貸借契約に明記されている義務を遂行しない場合、が考えられます。②のケースの場合、貸主が立退料を支払う必要はありません。ただ、①のケースで立退きを速やかに行いたい場合、借主とのトラブルを避けたい場合には一定額の立退料を支払うことによって問題をスムーズに解決することが可能であり、一般的に広く行われています。

■ 立退料の性質

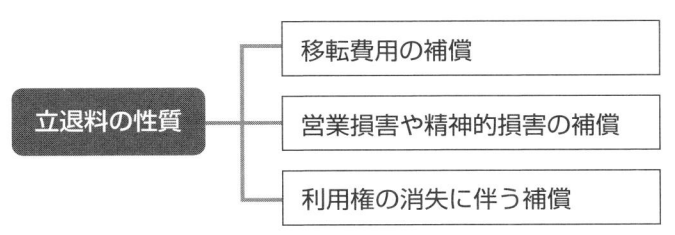

立退料の性質
- 移転費用の補償
- 営業損害や精神的損害の補償
- 利用権の消失に伴う補償

第6章 契約解除・原状回復に関する法律知識

借主は、立退料を受け取ることで、賃貸している物件から退去することが容易になります。賃貸借契約を終了し、現在借りている物件から移転することは、借主にとってコストがかかる作業です。しかし、立退料を受け取ることができれば、移転にかかるコストを立退料により補填することができます。

● 立退料の相場はどうなっているのか

居住用の不動産の場合には、借主が次の住居に移転するために必要な費用の額が立退料の相場の額になります。

具体的には、借主が新しい部屋を借りるための敷金・礼金、引越し費用、不動産業者を利用した場合には仲介手数料などを合わせたものが立退料の額になります。

ただし、この立退料の額はその他の事情によって変動します。たとえば、貸主が建物を利用する必要がある、建物が老朽化していて大規模な修繕をする必要があるといった事情がある場合には、立退料の額が低くなる可能性があります。

● 算定の際に考慮する事情とは

貸主が立退きを借主に申し入れ、提示した立退料の金額に借主が納得しない、あるいはその金額では引越しや移転が経済的に困難であり、紛争が裁判所にまで持ち込まれるような場合には裁判所が立退料の額を定めることになります。

具体的には、立退料は当事者双方の事情を十分に考慮しながら算定が行われます。この場合、貸主が立退きを申し立てている事情、借主が移転できない事情、あるいは賃貸借契約の年数、賃貸家屋の規模と構造、家賃、そして敷金と礼金の有無といった事情が立退料を決定する基準となります。

◉ 貸主側の事情にはどんなものがあるのか

　立退きを申し出なければならない貸主側の事情としては、①貸主自身または貸主の家族や近親者が賃貸家屋を住居として使用する必要がある場合、②貸主自身またはその家族・近親者が賃貸家屋を営業の目的で使用する必要がある場合、③賃貸家屋の劣化や老朽化のために大幅な修築あるいは新築が必要な場合、④相続で貸主が代わり、土地を売却する必要がある場合、などが考えられます。

　①の例としては、家主またはその家族が住居として使用していた家屋が消失した場合、地震や台風といった災害で崩壊した場合、家主の住んでいる建物の老朽化がひどく居住し続けることが不可能になった場合が挙げられます。

　②は正当事由の観点から見ると①よりも説得力に欠けるといえます。貸主が現在貸している賃貸家屋をどうしても店舗として使用しなければ生活を維持していけないことが正当に証明されれば正当事由は認められるかもしれません。

■ 立退料の支払が必要となる場合

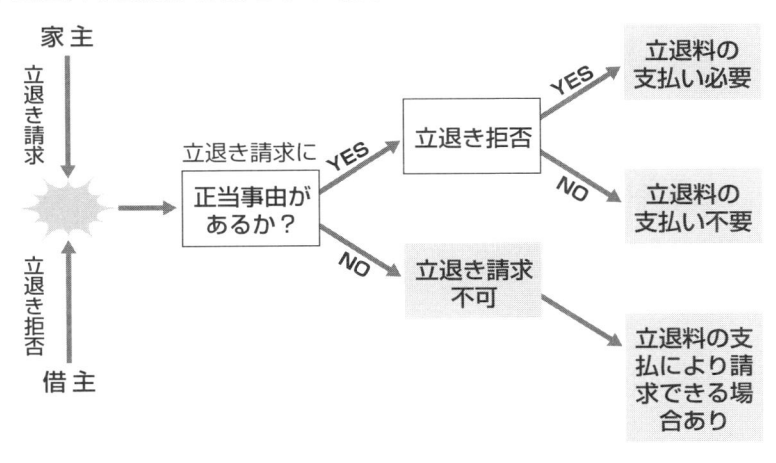

家主 → 立退き請求 → 正当事由があるか？
 - YES → 立退き拒否
   - YES → 立退料の支払い必要
   - NO → 立退料の支払い不要
 - NO → 立退き請求不可 → 立退料の支払により請求できる場合あり

借主 → 立退き拒否

③のケースもよく見受けられますが、家屋が老朽化しているといってもそれが崩壊寸前なのか、修理を行えばまだ居住可能なのかによって正当事由としての重みが違ってきます。

　④のように相続の問題で立退きが発生してくることもよくあります。相続した家屋を売却しなければ相続税を払えないなど、経済状態が非常に逼迫した状態であることを貸主が証明できればこれが正当事由と認められることもあります。

● 借主側の事情にはどんなものがあるのか

　借主側の事情としては、①借主がその賃貸家屋を住居として使用しなければならない理由のある場合、②借主が賃貸家屋を営業の目的で使用しなければならない理由のある場合、③借主が賃貸家屋を長い期間に渡って使用してきている場合、が主に考えられます。

　借主の事情を考慮する際には、借主が他の賃貸家屋に転居できる、または他の家屋を購入する経済力があるかどうかが1つの重要なポイントになります。また、借主の家族構成やその賃貸家屋に居住している（あるいはそこで営業している）年数が重要視されます。

　また、立退きによって経済的な損失をそれほど被らなくても借主が賃貸家屋を長年に渡って使用してきたような場合には借主の立場はかなり有利になります。居住地域で長年築いてきた人間関係、商売を営んできた場合には顧客との間で作り上げた信頼関係は一種の財産であり、賃貸家屋が借主の生活の本拠地として確立してしまっているからです。

　このように、立退料の算出にあたっては長年住んできた地域を去ることから発生する損失というものが十分に考慮されます。

2 契約解除の手続きについて知っておこう

解約を申し入れた日から6か月の経過により契約関係は終了する

◉ 賃貸人からの解除・解約の申入れ

　まず、賃貸人からの解約・解除の申入れについて見ていきましょう。賃貸人が、建物賃貸借の解約を申し入れた場合、建物賃貸借は解約を申し入れた日から6か月の経過により終了します（借地借家法27条1項）。これより短い期間の特約は無効です（同30条）。これは、期間の定めのない建物賃貸借において行う手続といえるでしょう。というのは、期間を定めている契約であれば、改めて合意解約をしない限り守るべきだからです。なお、解約の手続きは、54ページで述べた更新拒絶の通知と似ていますが、異なるものです。

　一方、賃借人に賃料債務の不履行がある場合、賃貸人が相当の期間を定めて履行を催告し、その期間内に履行がないとき、賃貸人は賃貸借契約を解除することができます（民法541条）。

　訴訟では催告の事実と相当の期間の定めの有無が争われますから、内容証明郵便（135ページ）を利用する必要があります。

　なお、賃貸借契約は継続的な契約であることから、賃料支払の遅滞が軽微であるときは相互の信頼関係を破壊するような不誠意はなく、解除権の行使は信義則に反するとされています（最判昭和39年7月28日）。

◉ 解約後も居座る借主に立退きを請求する

　賃貸人が正当事由の下で解約の申入れをした場合、6か月を経過すると賃貸借は終了するのが原則です。

　しかし、その後も借主が使用を続けている場合、これに対して遅滞なく異議を述べないと契約を更新したものとみなされてしまいます。

そのため、6か月の経過後、賃借人が依然として使用を継続している場合には明渡しを請求する書面（下文例参照）を送付する必要があります。書面には、申入れから6か月の経過、相手方の使用継続の事実を記載し、異議を申し述べるということになります。正当事由は解約申入れ時点ですでに述べているはずですので必ずしも記載する必要はありませんが、相手からの反論に対して再度反論が必要な場合には記載することになります。

なお、文中に物件の表示を記載する場合には、登記事項証明書などで確認し、正確に記載することが大切です。

◉ 無催告解除特約を結ぶこともできる

賃貸借契約に限らず、民法では契約を解除する際には、相当の支払猶予期間をおかなければならないと規定されています（民法541条）が、契約時に、「賃料の不払いがあった場合は、支払猶予期間を定めた催告なしに契約の解除を行う」という旨の特約をつけることは可能

📝 書式　解約後も居座る借主に立退きを請求する文書

使用継続への異議通知及び明渡要求書

　私と貴殿との間で締結した後記建物賃貸借契約は、平成〇〇年1月15日私の解約申入れの通知書が貴殿に到達し、同日から6か月の経過をもって終了しました。しかし貴殿は、前記契約終了後も当該建物の使用を継続しておりますので、借地借家法27条2項、26条2項の定めに従い、異議を申し伝えます。また、ただちに同物件を明け渡すようにお願い致します。

　（建物の表示）
　　〈建物の表示については省略〉

　平成〇〇年7月16日

　　　　　　　　　　　　　　　　　　東京都〇〇区〇〇2丁目3番4号
　　　　　　　　　　　　　　　　　　　通知人　　甲野一郎　㊞

　東京都〇〇区〇〇1丁目2番3号
　　被通知人　　乙川二郎　殿

です。これを無催告解除の特約といいます。

　ただ、契約の解除には、あくまで借主と貸主との間の信頼関係が壊れてしまったかどうかが最も重要視されます。そのため、たとえ特約があったとしても、必ず催告なしに解除ができるとは限りません。裁判ではこのような特例を認めないとした事例もあります。

　いくら当事者間で特約を結んだとしても、公平性を失し、借主に不利だと思われる条項は無効と判断されますので、無催告解除の特約は無効と判断されるケースが多いのではないかと思われます。

　たとえば、賃料を滞納していた間は、病気で働くことができず、収入がなかったというような理由がある場合には、賃料の支払ができない理由にも合理性があり、貸主と借主の間での信頼関係が壊れてしまったとまでは言えないため、催告なしでの解除は認められにくいといえるでしょう。

● 賃借人からの解約申入れ

　続いて、賃借人側からの賃貸借契約解約の申入れについて見ていきましょう。

　先ほど、賃貸人が建物賃貸借の解約を申し入れた場合、申し入れた日から６か月の経過により終了すると述べましたが、賃借人の方が解約を申し入れる場合、１か月前に予告して解約を申し入れる特約も有効です。というのは、借地借家法は賃借人の保護を目的としていますから、「契約期間の途中であっても退去したい」という賃借人の利益のための特約は認めてもかまわないからです。

　ただし、そのような特約がなければ、賃借人は契約期間が満了するまで賃料を支払う義務があるので、その後新しい賃借人が見つかったなどという事情がなければ、解約を申し出た賃借人に賃料の支払いを求めることができます。

● 入居後すぐに解約された場合の敷金の取扱い

　賃借人から契約を解約された場合、敷金の精算を行うことになります。
　敷金はもともと、契約が終了して明渡しが完了した後に返還するものですから、解約後も同様に敷金を返還することになります。
　返還する金額については、解約条項にしたがい、敷金の全額（敷金から何か差し引く契約であれば、その差引残額）と前家賃分から予告期間に不足する分の家賃を差し引いた分を借主に返還することになります。つまり、たとえば「借主は1か月の予告期間を置いて契約を解約することができる。なお、予告期間が1か月に満たないときは、借主は1か月に不足する日数に相当する賃料を貸主に支払うことにより本契約を終了させることができる。ただし、貸主は1か月に不足する日数に相当する賃料を、敷金から差し引くことができる」といった解約条項を定めていた場合のように、一定の額を差し引くことを規定していた場合には、敷金の全額を返還する必要はありません。

■ 解約条項がある場合

> 「賃借人は1か月の予告期間を置いて契約を解約することができる。なお、予告期間が1か月に満たないときは、賃借人は1か月に不足する日数に相当する賃料を貸主に支払うことにより本契約を終了させることができる」という取り決めがある場合には、貸主は解約の際にいくらかの賃料を受け取ることができる。

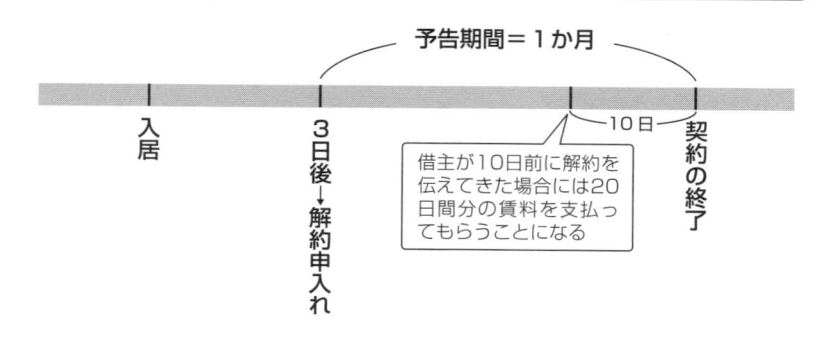

予告期間＝1か月

入居　　3日後→解約申入れ　　10日　契約の終了

借主が10日前に解約を伝えてきた場合には20日間分の賃料を支払ってもらうことになる

● 契約期間の定めがない場合の賃借人からの解約申入れ

契約期間の定めがない場合、賃借人の解約申入れから3か月すると建物賃貸借は終了しますから（617条）、3か月の賃料は請求できます。他方、賃借人の解約申入れに予告期間の特約がある場合、賃借人が早々に出て行こうと、その期間の賃料は請求できます。

● 定期建物賃貸借と賃借人からの中途解約

定期建物賃貸借契約は、契約期間が定められている賃貸借契約です。そのため、原則として契約期間の途中で賃貸借契約を解約することはできません。

ただし、賃貸借契約を締結している建物の床面積が200㎡未満の居住用建物については、転勤・親族の介護・海外への転勤といった事情で借主が建物を生活の本拠として利用することができなくなった場合に、借主の側から賃貸借契約を中途解約することができます（借地借家法38条）。店舗兼居住用の建物として使用している場合にも、居住用建物として使用していることには変わりがないので借主の側から定期建物賃貸借の中途解約は可能です。

定期建物賃貸借契約を中途解約する場合、借主が貸主に対して解約の申入れをしてから1か月を経過した時点で定期建物賃貸借契約は終了します。

■ 定期建物賃貸借における中途解約の可否

原則
→ 定期建物賃貸借契約を中途解除できない

例外
・居住用の建物
・床面積が200㎡未満
・やむを得ない事情で建物を生活の本拠として使用することが困難になる
→ 借主からの中途解約が可能

3 原状回復について知っておこう

原状回復費の負担をめぐって議論が多い

● 原状回復とは

　原状回復とは、賃借人が賃借物を原状に回復し、附属させた物を取り去ることをいいます（民法616・598条）。建物の使用は賃借人の権利ですが、賃借人は、賃借物をその性質によって定まった用法に従って使用しなければなりませんし、契約終了後は、元の状態に戻して返還しなければなりません。つまり、原状回復は賃借人の義務ということになります（民法400・616・594条1項）。

● どこまでが原状回復義務に含まれるのか

　厳密な意味での原状回復義務とは、「賃借人は、退居する際に家具などの荷物やエアコンを取り除き、次の借主が入居できるようにしておかなければならない」というものです。

　注意したいのは、何も借主は建物を自分が入居する前と全く同じ状態にまで戻して出て行く必要がある、と決められているわけではないということです。借主に対して「あなたが住む前と同じ状態に戻さなければならないから、敷金は返すことができない」というような過度な原状回復を要求すると、トラブルになりかねません。

　ただ、「家具などの荷物やエアコンを取り除くだけ」というのは、あくまで法的に規定されている狭い意味での原状回復義務です。借主には、借りた部屋を丁寧に使用しなければならず、常識の範囲内で建物の利用については注意を払う義務（善管注意義務）がありますが、一般的に貸主が想定している原状回復義務は、このような善管注意義務の意味合いも含めていると言ってよいでしょう。つまり、借主が通

常気をつけるべき注意を怠って部屋を破損・汚損した場合には、それを復旧させることも原状回復義務に含まれるということです。実際には、借主の退去後に貸主が復旧させることになりますから、復旧にかかった費用を敷金から差し引くことになります。

ただ、借主はそこまで想定しておらず、借主と貸主の間で、原状回復義務とされる範囲について認識にずれが起こることがあります。原状回復については、契約時に借主にどこまでを借主の負担とさせるのかについて説明することが大切です。

◉ 原状と通常損耗

原状とは「元の通り」という程度の意味ですが、賃貸人が賃借人に賃借物を引き渡した当時と全く同じ状態ということまでは意味しません。言い換えると、賃貸借期間満了を基準として元の通りと言えれば足ります。ですから、賃貸借期間に応じて通常であれば発生し得る程度の自然損傷や経年劣化といえる損傷や消耗があったとしても（以下、通常損耗）、原状といって差し支えありません。

というのは、建物賃貸借契約の性質からすると、通常損耗によって発生する修繕費は、通常であれば賃料に含まれているだろうと考えられるからです。

何が通常損耗かは個別具体的に判断する他ありません。たとえば、壁紙の汚れ、柱や床の傷、畳の色落ちや擦り傷、戸や扉のきしみ、家具を置いた跡、釘穴などがそうです。

◉ 国土交通省のガイドラインで基準が定められている

原状回復の範囲をめぐっては当事者間でトラブルがよく起きるため、国土交通省は、建物の劣化の種類と修繕義務について、一定のガイドラインを定めています。

① 経年変化

経年変化とは、年数を経ることで発生する汚れや傷のことです。たとえば畳や壁紙の日焼けがあてはまります。人が住んでいる・いないに関わらず発生する建物の劣化が、経年変化の対象です。これらは当然、貸主が修繕義務を負うことになります。

② **通常損耗**

　通常損耗とは、通常に建物を使用する範囲内で発生する建物の損傷や劣化を指します。たとえば畳のすれや壁紙の汚れが、通常損耗と認められており、これらも貸主の修繕負担と規定されています。ただし、たいていの場合、経年変化や通常損耗レベルの修繕費用は、前もって家賃に含まれているものです。

③ **借主の故意や過失による損耗**

　借主が、通常の生活を営む範囲を超えた使い方をしたり、故意や過失、注意義務違反によって、傷や汚れをつけた場合は、その修繕費用は借主の負担となります。借主の故意（わざと）や過失（不注意のこと）による損耗には、子どもの落書きやペットの作った傷や汚れがあてはまります。

　なお、原状回復ガイドラインについては、平成23年8月に再改訂版が公表されています。

■ **家賃の損耗の区別**

	内　容
経年変化	畳や壁紙の日焼けなど、年数を経ることで発生する汚れや傷のこと。これらは家主が修繕義務を負担する。
通常損耗	通常に建物を使用する範囲内で発生する建物の損傷や劣化のこと、これらも家主が修繕義務を負担する。
借主の故意や過失による損耗	通常の使用方法を超えた使い方をした場合や故意や過失、注意義務違反などによって傷や汚れをつけた場合は、その修繕費用は借主の負担となる。

● 壁紙のはがれやタバコの染みはどうするのか

　建物は年を重ねるにつれて当然古くなっていきます。畳や壁紙の日焼けや変色のように、入居者がいるかどうかに関わらず発生する汚れや傷を経年変化といいます。そして、この経年変化と、普通に生活を営む上で発生した劣化である通常損耗を合わせたものが自然損耗と呼ばれています。自然損耗については、貸主が修繕を行う義務があります。そのため、もし借主が故意や過失によって傷や汚れを作ってしまった場合でも、それが自然損耗のレベルのものであれば、修繕費を支払う必要はありません。

　一般的に自然損耗と認められるのは、畳や壁紙の変色の他にも、タバコのヤニによる黄ばみ、壁のポスター跡や、画鋲跡のような軽度の穴です。逆に自然損耗ではなく、借主に修繕責任があるとされているものは、子どもの落書きやペットの作った傷、タバコの火による床の損傷や、引越しの際に作った傷のような、通常では発生しない程度の劣化がある場合です。

　ただ、たとえ借主が故意や過失によって、自然損耗の範囲を超えた汚れや傷をつけたとしても、自然損耗の影響も受けていることが多いですから、借主がその修繕にかかる費用の全額を負担しなければならないわけではありません。たとえば、5年間入居した部屋の壁紙を全部張り替える必要があったとしても、借主が負担するのは、自然損耗以外の部分にかかる修繕費のみであり、5年の間に作られた経年変化や通常損耗の修繕に必要な金額は、貸主が負担することになります。

● 原状回復特約が適用になる場合とは

　考えられる損耗をすべて特約として契約条項に列挙し、賃借人の原状回復義務に含めるという方法も考えられます。原状回復義務の範囲を明確にする方法として一理あります。

　しかし、原状回復義務に通常損耗が含まれるほど、その有効性をめ

ぐってトラブルが起きます。下級裁判例も分かれていました。

　最高裁は、賃借人に通常損耗の原状回復義務を負わせるためには、賃借人が負担する通常損耗の範囲について、①契約条項自体に具体的に明記されているか、または、②賃貸人が口頭により説明し、賃借人がそれを明確に認識した上で合意したことが必要であるとしています（最判平成17年12月16日）。もっとも、この最高裁のケースでは、賃借人が負担区分表に基づき通常損耗を補修する特約が、①、②の要件を充たさないとされました。そのため、通常損耗を含んだ原状回復特約に対する厳格な態度であると解されています。

　また、①、②の要件を充たす特約であるとしても、賃借人の負担が過度に酷な場合は、民法90条の公序良俗違反または消費者契約法10条違反になる可能性は否定できません。

● 賃貸住宅トラブル防止ガイドラインが参考になる

　借家の多くの破損等の修繕費については、貸主である家主が負担するのが原則です（民法606条）。ただ、契約時の特約で「入居中の大小修繕は借主が借主の費用で行う」などと規定している場合もあり、費用負担をめぐって争いになることも少なくありません。

　そのため、東京都では「東京における住宅の賃貸借にかかる紛争の防止に関する条例」と「賃貸住宅トラブル防止ガイドライン」により対応を定めています。通称東京ルールと呼ばれるこの条例では、入居中の費用負担の一般原則として、借主の故意・過失や通常の使用方法に反する使用など賃借人の責任による修繕については借主が費用を負担し、それ以外の必要な修繕については家主が負担するものとしています（167～169ページ）。

　家主側としては、通常の修繕の多くは家主の負担と認識し、一部借主の負担を特約などで取り決める場合は、契約時にきちんと説明して合意を得るなどの対策が必要であると言えるでしょう。

● 敷金との差引精算について

　建物の原状回復費用を誰がどのように負担するかという問題は、賃借人から預かった敷金からそれを差し引こうとするときに顕著に現れるといえます。敷金は契約終了から明渡しまでに生じた賃料相当額その他賃借人が負う一切の債務を担保するという判例が確立しています。ですから、原状回復費用も差し引くことは可能です。原状回復特約に基づいて金額を差し引いてもかまいません。

　しかし、前述したように、賃借人に通常損耗を負担させる特約に対する裁判所の態度は厳格です。そのため、賃借人が特約に不満を述べるようであれば、明渡し後の建物を見て、原状回復の負担の範囲を取り決めることも考えてよいでしょう。

● 契約時に原状回復条件を定めておく

　退去時の現状復帰による費用負担のトラブルを防ぐためには入居時の賃貸借契約締結の段階で、原状回復の費用負担を詳細に定め、原状回復工事にかかる費用の単価についても、借主に伝えた上で合意しておくのがよいでしょう。このようなトラブルを防ぐためには入居時の賃貸借契約締結の段階で、原状回復の費用負担を詳細に定め、原状回復工事にかかる費用の単価についても、借主に伝えた上で合意しておくのがよいでしょう。

　170ページに掲載した書式は、平成23年8月に国土交通省が公表した「原状回復をめぐるトラブルとガイドライン（再改訂版）」に掲載されている契約書に添付する原状回復の条件に関する様式です。

　書式を基に、原状回復条件や貸主・借主の負担割合、原状回復工事施行目安単価・特約を詳細に定め、借主に交付するのがよいでしょう。

　原状回復工事施行目安単価については、後で大きく変わるとトラブルになるので、あくまでも目安であることを伝え、わかる範囲で記載します。特約については、民法や消費者契約法の規定に反しないよう

にします。契約時に原状回復費用についての明確なルールを定めておくことで、退去時の原状回復および敷金からの差引額をめぐるトラブルの予防につながります。

● 退去時の精算も明確に行う

借主の退去時には、原状回復のどの費用を借主に負担してもらうのかが明確にわかるような書類（請求書）を借主に交付します。前述した「原状回復をめぐるトラブルとガイドライン（再改訂版）」に掲載されている原状回復の精算明細等に関する様式（173ページ）を参考にして精算時の明細書を作成するのがよいでしょう。あらかじめ、借主と契約時に合意した原状回復の条件に沿って、精算時の明細書を作成すれば、多くの原状回復をめぐるトラブルを回避することができます。

■ 東京ルールによる宅地建物取引業者の説明事項

1．費用負担の一般原則
- 賃貸人負担
  入居中：住宅の使用及び収益に必要な修繕
  退去時：経年変化及び通常の使用による住宅の損耗等の復旧
- 賃借人負担
  賃借人の故意・過失や通常の使用方法に反する使用など賃借人の責めに帰すべき事由により生じた住宅の損耗などの復旧

2．例外としての特約（賃借人負担）
入居中：一般原則に関わらず、賃貸人と賃借人の合意により、小規模な修繕については、賃貸人の修繕義務を免除し、賃借人が自らの費用負担で行うことができる旨の特約を定めることが可能。
退去時：一般原則とは異なる特約を定めることが可能。

3．当該契約における賃借人の負担内容　（場合に応じて説明）
- 特約がない場合→賃借人の負担は、一般原則に基づく費用のみ
- 特約がある場合→一般原則に基づく費用のほか、当該特約により賃借人が負担する具体的な内容

4．賃借人の入居期間中の設備等の修繕及び維持管理等に関する連絡先となる者
- 共用部分、専用部分ごとの連絡先
  氏名（法人の場合は商号又は名称）、住所（法人の場合は主たる事務所の所在地）

資料　賃貸住宅トラブル防止ガイドラインによる貸主・借主の負担区分

部位	項目	説明	負担区分	理由
床	畳	畳の裏返し、表替え（特に破損等していないが、次の入居者確保のために行うもの）	貸主	入居者入れ替わりによる物件の維持管理上の問題であり、貸主の負担とすることが妥当と考えられる。
床	畳	畳の変色（日照・建物構造欠陥による雨漏りなどで発生したもの）	貸主	日照は通常の生活で避けられないものであり、また、構造上の欠陥は、借主には責任はないと考えられる。（借主が通知義務を怠った場合を除く）
床	フローリング	フローリングのワックスがけ	貸主	ワックスがけは通常の生活において必ず行うとまでは言い切れず、物件の維持管理の意味合いが強いことから、貸主負担とすることが妥当と考えられる。
床	フローリング	フローリングの色落ち（日照・建物構造欠陥による雨漏りなどで発生したもの）	貸主	日照は通常の生活で避けられないものであり、また、構造上の欠陥は、借主には責任はないと考えられる。（借主が通知義務を怠った場合を除く）
床	フローリング	フローリングの色落ち（借主の不注意で雨が吹き込んだことなどによるもの）	借主	借主の善管注意義務違反に該当する場合が多いと考えられる。
床	フローリング	キャスター付きのイス等によるフローリングのキズ、へこみ	借主	キャスターの転がりによるキズ等の発生は通常予測されることで、借主としてはその使用にあたって十分な注意を払う必要があり、発生させた場合は借主の善管注意義務違反に該当する場合が多いと考えられる。
床	カーペット、その他	家具の設置による床、カーペットのへこみ、設置跡	貸主	家具保有数が多いという我が国の実状に鑑み、その設置は必然的なものであり、設置したことだけによるへこみ、跡は通常の使用による損耗ととらえるのが妥当と考えられる。
床	カーペット、その他	カーペットに飲み物等をこぼしたことによるシミ、カビ	借主	飲み物等をこぼすこと自体は通常の生活の範囲と考えられるが、その後の手入れ不足等で生じたシミ・カビの除去は、借主の負担により実施するのが妥当と考えられる。
床	カーペット、その他	冷蔵庫下のサビ跡（畳・フローリングも同様）	借主	冷蔵庫に発生したサビが床に付着しても、拭き掃除で除去できる程度であれば、通常の生活の範囲と考えられるが、そのサビを放置し、床に汚損等の損害を与えることは、借主の善管注意義務違反に該当する場合が多いと考えられる。
床	カーペット、その他	引越作業で生じたひっかきキズ（畳・フローリングも同様）	借主	借主の善管注意義務違反または過失に該当する場合が多いと考えられる。
壁・天井	壁・クロス	テレビ、冷蔵庫等の後部壁面の黒ずみ（いわゆる電気ヤケ）	貸主	テレビ、冷蔵庫は通常一般的な生活をしていくうえで必需品であり、その使用による電気ヤケは通常の使用ととらえるのが妥当と考えられる。

部位	項目	説　明	負担区分	理　由
壁・天井	壁・クロス	エアコン（借主所有）設置による壁のビス穴、跡	貸主	エアコンについても、テレビ等と同様一般的な生活をしていくうえで必需品になってきており、その設置によって生じたビス穴等は通常の損耗と考えられる。
		クロスの変色（日照などの自然現象によるもの）	貸主	畳等の変色と同様、日照は通常の生活で避けられないものであると考えられる。
		壁に貼ったポスターや絵画の跡	貸主	壁にポスター等を貼ることによって生じるクロス等の変色は、主に日照などの自然現象によるもので、通常の生活による損耗の範囲であると考えられる。
		壁等の画鋲、ピン等の穴（下地ボードの張替えは不要な程度のもの）	貸主	ポスターやカレンダー等の掲示は、通常の生活において行われる範疇のものであり、そのために使用した画鋲、ピン等の穴は、通常の損耗と考えられる。
		壁等のくぎ穴、ネジ穴（重量物を掛けるためにあけたもので、下地ボードの張替えが必要な程度のもの）	借主	重量物の掲示等のためのくぎ、ネジ穴は、画鋲等のものに比べて深く、範囲も広いため、通常の使用による損耗を超えると判断されることが多いと考えられる。
		タバコのヤニ	貸主	喫煙自体が用法違反、善管注意義務違反に当たらない場合、クロスがヤニで変色したり臭いが付着しているとまではいえない程度の汚れについては、通常の消耗の範囲であると考えられる。
			借主	該当居室全体においてクロス等がヤニで変色したり、臭いが付着した等の場合、通常の使用による汚損を超えると判断される。その場合は借主のその後の手入れ等管理が悪く発生、拡大したと考えられる。
		クーラー（借主所有）から水漏れし、放置したため壁が腐食	借主	クーラーの保守は所有者（この場合借主）が実施すべきであり、それを怠った結果、壁等を腐食させた場合には、善管注意義務違反と判断されることが多いと考えられる。
		クーラー（貸主所有）から水漏れし、借主が放置したため壁が腐食	借主	クーラーの保守は所有者（この場合貸主）が実施すべきものであるが、水漏れを放置したり、その後の手入れを怠った場合は、通常の使用による損耗を超えると判断されることが多いと考えられる。
		結露を放置したことにより拡大したカビ、シミ	借主	結露は建物の構造上の問題であることが多いが、借主が結露が発生しているにも関わらず、貸主に通知もせず、かつ、拭き取るなどの手入れを怠り、壁等を腐食させた場合には、通常の使用による損耗を超えると判断されることが多いと考えられる。
		台所の油汚れ	借主	使用後の手入れが悪く、ススや油が付着している場合は、通常の使用による損耗を超えるものと判断されることが多いと考えられる。

部位	項目	説　明	負担区分	理　由
壁・天井	天井	取付金具のない天井に直接つけた照明器具の跡	借主	あらかじめ設置された照明器具用コンセントを使用しなかった場合には、通常の使用による損耗を超えると判断されることが多いと考えられる。
建具・柱	ガラス	地震で破損したガラス	貸主	自然災害による損傷であり、借主には責任はないと考えられる。
建具・柱	ガラス	網入りガラスの亀裂（構造により自然に発生したもの）	貸主	ガラスの加工処理の問題で、亀裂が自然に発生した場合は、借主には責任はないと考えられる。
建具・柱	柱等	飼育ペットによる柱等のキズや臭い	借主	特に、共同住宅におけるペット飼育は未だ一般的ではなく、ペットの躾や尿の後始末の問題でもあり、善管注意義務違反として借主負担と判断される場合が多いと考えられる。
建具・柱	その他	網戸の張替え（破損等はしていないが次の入居者確保のために行うもの）	貸主	入居者の入れ替わりによる物件の維持管理上の問題であり、貸主の負担とすることが妥当と考えられる。
設備・その他	設備	設備機器の故障、使用不能（機器の耐用年限到来のもの）	貸主	経年劣化による自然損耗であり、借主に責任はないと考えられる。
設備・その他	設備	浴槽、風呂釜等の取替え（破損等はしていないが、次の入居者確保のため行うもの）	貸主	物件の維持管理上の問題であり、貸主負担とするのが妥当と考えられる。
設備・その他	設備	日常の不適切な手入れもしくは用法違反による設備の毀損	借主	借主の善管注意義務違反に該当すると判断されることが多いと考えられる。
設備・その他	鍵	鍵の取替え（破損、鍵紛失のない場合）	貸主	入居者の入れ替わりによる物件管理上の問題であり、貸主の負担とすることが妥当と考えられる。
設備・その他	鍵	鍵の取換え（破損、不適切使用、紛失による場合）	借主	借主の善管注意義務違反に該当すると判断されることが多いと考えられる。
設備・その他	鍵	消毒（台所、トイレ）	貸主	消毒は、日常の清掃と異なり、借主の管理の範囲を超えているので、貸主負担とすることが妥当と考えられる。
設備・その他	水回り	ガスコンロ置き場、換気扇等の油汚れ、すす	借主	使用期間中に、その清掃・手入れを怠った結果汚損が生じた場合は、借主の善管注意義務違反に該当すると判断されることが多いと考えられる。
設備・その他	水回り	風呂、トイレ、洗面台の水垢、カビ等	借主	使用期間中に、その清掃・手入れを怠った結果汚損が生じた場合は、借主の善管注意義務違反に該当すると判断されることが多いと考えられる。
設備・その他	居室	全体のハウスクリーニング（専門業者による）	貸主	借主が通常の清掃（具体的には、ゴミの撤去、掃き掃除、拭き掃除、水回り、換気扇、レンジ回りの油汚れの除去等）を実施している場合は、次の入居者を確保するためのものであり、貸主負担とすることが妥当と考えられる。

※東京都都市整備局のホームページ掲載の賃貸住宅トラブル防止ガイドライン（改訂版）より引用。

書式 契約書に添付する原状回復の条件に関する様式

原状回復の条件について

　本物件の原状回復条件は、下記Ⅱの「例外としての特約」による以外は、賃貸住宅の原状回復に関する費用負担の一般原則の考え方によります。
　すなわち、
・賃借人の故意・過失、善管注意義務違反、その他通常の使用方法を超えるような使用による損耗等については、賃借人が負担すべき費用となる
・建物・設備等の自然的な劣化・損耗等（経年変化）及び賃借人の通常の使用により生ずる損耗等（通常損耗）については、賃貸人が負担すべき費用となる
ものとします。
　その具体的内容は、国土交通省の「原状回復をめぐるトラブルとガイドライン」において定められた別表1及び別表2のとおりですが、その概要は、下記Ⅰのとおりです。

Ⅰ　本物件の原状回復条件

　（ただし、民法90条及び消費者契約法8条・9条・10条に反しない内容に関して、下記Ⅱの「例外としての特約」の合意がある場合は、その内容によります。）

1　賃貸人・賃借人の修繕分担表

賃貸人の負担となるもの	賃借人の負担となるもの
【床（畳・フローリング・カーペットなど）】	
1. 畳の裏返し、表替え（特に破損していないが、次の入居者確保のために行うもの） 2. フローリングのワックスがけ 3. 家具の設置による床、カーペットのへこみ、設置跡 4. 畳の変色、フローリングの色落ち（日照、建物構造欠陥による雨漏りなどで発生したもの）	1. カーペットに飲み物等をこぼしたことによるシミ、カビ（こぼした後の手入れ不足の場合） 2. 冷蔵庫下のサビ跡（サビを放置し、床に汚損等の損害を与えた場合） 3. 引越作業等で生じた引っかきキズ 4. フローリングの色落ち（賃借人の不注意で雨が吹き込んだことなどによるもの）
【壁、天井（クロスなど）】	
1. テレビ、冷蔵庫等の後部壁面の黒ずみ（いわゆる電気ヤケ） 2. 壁に貼ったポスターや絵画の跡 3. 壁等の画鋲、ピン等の穴（下地ボードの張替えは不要な程度のもの） 4. エアコン（賃借人所有）設置による壁のビス穴、跡 5. クロスの変色（日照などの自然現象によるもの）	1. 賃借人が日常の清掃を怠ったための台所の油汚れ（使用後の手入れが悪く、ススや油が付着している場合） 2. 賃借人が結露を放置したことで拡大したカビ、シミ（賃貸人に通知もせず、かつ、拭き取るなどの手入れを怠り、壁等を腐食させた場合） 3. クーラーから水漏れし、賃借人が放置したため壁が腐食 4. タバコ等のヤニ・臭い（喫煙等によりクロス等が変色したり、臭いが付着している場合） 5. 壁等のくぎ穴、ネジ穴（重量物をかけるためにあけたもので、下地ボードの張替えが必要な程度のもの） 6. 賃借人が天井に直接つけた照明器具の跡 7. 落書き等の故意による毀損
【建具等、襖、柱等】	
1. 網戸の張替え（破損はしていないが、次の入居者確保のために行うもの） 2. 地震で破損したガラス 3. 網入りガラスの亀裂（構造により自然に発生したもの）	1. 飼育ペットによる柱等のキズ・臭い（ペットによる柱、クロス等にキズが付いたり、臭いが付着している場合） 2. 落書き等の故意による毀損
【設備、その他】	
1. 専門業者による全体のハウスクリーニング（賃借人が通常の清掃を実施している場合） 2. エアコンの内部洗浄（喫煙等の臭いなどが付着していない場合） 3. 消毒（台所・トイレ） 4. 浴槽、風呂釜等の取替え（破損等はしていないが、次の入居者確保のために行うもの） 5. 鍵の取替え（破損、鍵紛失のない場合） 6. 設備機器の故障、使用不能（機器の寿命によるもの）	1. ガスコンロ置き場、換気扇等の油汚れ、すす（賃借人が清掃・手入れを怠った結果汚損が生じた場合） 2. 風呂、トイレ、洗面台の水垢、カビ等（賃借人が清掃・手入れを怠った結果汚損が生じた場合） 3. 日常の不適切な手入れもしくは用法違反による設備の毀損 4. 鍵の紛失または破損による取替え 5. 戸建賃貸住宅の庭に生い茂った雑草

2 賃借人の負担単位

負担内容			賃借人の負担単位	経過年数等の考慮
床	毀損部分の補修	畳	原則一枚単位 毀損部分が複数枚の場合はその枚数分 （裏返しか表替えかは、毀損の程度による）	（畳表） 経過年数は考慮しない。
		カーペット クッションフロア	毀損等が複数箇所の場合は、居室全体	（畳床・カーペット・クッションフロア） 6年で残存価値1円となるような負担割合を算定する。
		フローリング	原則㎡単位 毀損等が複数箇所の場合は、居室全体	（フローリング） 補修は経過年数を考慮しない。 （フローリング全体にわたる毀損等があり、張り替える場合は、当該建物の耐用年数で残存価値1円となるような負担割合を算定する。）
壁・天井（クロス）	毀損部分の補修	壁（クロス）	㎡単位が望ましいが、賃借人が毀損した箇所を含む一面分までは張替え費用を賃借人負担としてもやむをえないとする。	（壁[クロス]） 6年で残存価値1円となる負担割合を算定する。
		タバコ等のヤニ、臭い	喫煙等により当該居室全体においてクロス等がヤニで変色したり臭いが付着した場合のみ、居室全体のクリーニングまたは張替費用を賃借人負担とすることが妥当と考えられる。	
建具・柱	毀損部分の補修	襖	1枚単位	（襖紙、障子紙） 経過年数は考慮しない。
		柱	1本単位	（襖、障子等の建具部分、柱） 経過年数は考慮しない。
設備・その他	設備の補修	設備機器	補修部分、交換相当費用	（設備機器） 耐用年数経過時点で残存価値1円となるような直線（または曲線）を想定し、負担割合を算定する。
	鍵の返却	鍵	補修部分 紛失の場合は、シリンダーの交換も含む。	鍵の紛失の場合は、経過年数は考慮しない。交換費用相当分を借主負担とする。
	清掃※	クリーニング ※通常の清掃や退去時の清掃を怠った場合のみ	部位ごと、または住戸全体	経過年数は考慮しない。借主負担となるのは、通常の清掃を実施していない場合で、部位もしくは、住戸全体の清掃費用相当分を借主負担とする。

設備等の経過年数と賃借人負担割合（耐用年数6年及び8年・定額法の場合）
賃借人負担割合（原状回復義務がある場合）

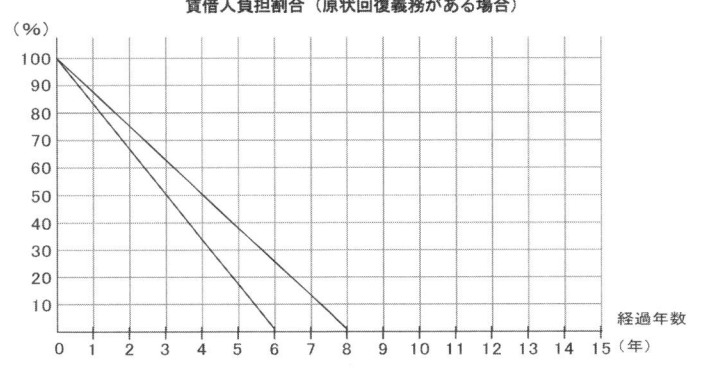

第6章 契約解除・原状回復に関する法律知識

3　原状回復工事施工目安単価

対象箇所		単位	単価(円)	対象箇所		単位	単価(円)
室内クリーニング		一式		玄関・廊下	チャイム・インターホン	台	
					玄関ドアの鍵	個	
床	クッションフロア	㎡			下駄箱	箇所	
	フローリング	㎡			郵便受け	個	
	畳	枚					
	カーペット類	㎡					
天井壁	壁（クロス）	㎡		台所・キッチン	電気・ガスコンロ	一式	
	天井（クロス）	㎡			給湯器類	一式	
	押入れ・天袋	箇所			戸棚類	箇所	
					流し台	一式	
					給排水設備	一式	
建具	窓（ガラス・枠）	枚		設備・その他			
	網戸（網・枠）	枚					
	襖	枚					
	障子	枚					
	室内ドア・扉	枚					
	カーテンレール	箇所		浴室・洗面所・トイレ	鏡	台	
	シャッター（雨戸）	箇所			シャワー	一式	
	柱	箇所			洗面台	一式	
	間仕切り	箇所			クサリ及びゴム栓	個	
	玄関ドア	箇所			風呂釜	一式	
					給湯器類	一式	
					浴槽	一式	
設備・その他	照明器具	個			蓋及び備品類	一式	
	電球・電灯類	個			便器	一式	
	スイッチ	個			給排水設備	一式	
	コンセント	個			洗濯機用防水パン	一式	
共通	エアコン	台			タオル掛け	個	
	テレビ用端子	個			ペーパーホルダー	個	
	換気扇	個					
	バルコニー	箇所					
	物干し金具	個					

※この単価は、あくまでも目安であり、入居時における賃借人・賃貸人双方で負担の概算額を認識するためのものです。従って、退去時において、資材の価格や在庫状況の変動、毀損の程度や原状回復施工方法等を考慮して変更となる場合があります。

Ⅱ　例外としての特約

　原状回復に関する費用の一般原則は上記のとおりですが、賃借人は、例外として、下記の費用については、賃借人の負担とすることに合意します（ただし、民法 90 条及び消費者契約法 8 条・9 条・10 条に反しない内容に限ります）。
　（括弧内は、本来は賃貸人が負担すべきものである費用を、特別に賃借人が負担することとする理由）

書式　原状回復の精算明細等に関する様式

原状回復の精算明細書について

物件名		住戸番号	
所在地		TEL（　）　－	
借主氏名		貸主氏名	
契約日　年　月　日	入居日　年　月　日	退去日　年　月　日	
転居先住所		転居先TEL（　）　－	

精　算　金　額　　　　　　　　　　　　　　　円

対象箇所 (適宜追加・削除)		修繕等の内容 (該当する方法に〇を付ける)	原状回復工事費用				経過年数	賃貸人の負担		賃借人の負担	
			単価(円)	単位	量	金額(円)		割合(%)	金額(円)	割合(%)	金額(円)
室内クリーニング				一式	1						
床	クッションフロア	洗浄・補修・塗替・張替		㎡							
	フローリング	洗浄・補修・塗替・張替		㎡							
	畳	表替・交換		枚							
	カーペット類	洗浄・補修・塗替・張替		㎡							
天井・壁	壁(クロス)	洗浄・補修・塗替・張替		㎡							
	天井(クロス)	洗浄・補修・塗替・張替		㎡							
	押入れ・天袋	洗浄・補修		箇所							
建具	窓(ガラス・枠)	洗浄・補修・調整・交換		枚							
	網戸(網・枠)	洗浄・調整・交換		枚							
	襖	洗浄・張替・交換		枚							
	障子	洗浄・張替・交換		枚							
	室内ドア・扉	洗浄・補修・調整・交換		枚							
	カーテンレール	洗浄・補修・調整・交換		箇所							
	シャッター(雨戸)	洗浄・補修・調整・交換		箇所							
	柱	洗浄・補修・交換		箇所							
	間仕切り	洗浄・補修・交換		箇所							
	玄関ドア	洗浄・補修・交換		箇所							
設備・その他	共通	照明器具	洗浄・修理・交換		個							
		電球・電灯類	交換		個							
		スイッチ	洗浄・修理・交換		個							
		コンセント	洗浄・修理・交換		個							
		エアコン	洗浄・修理・交換		台							
		テレビ用端子	洗浄・修理・交換		個							
		電話端子	洗浄・修理・交換		個							
		換気扇	洗浄・修理・交換		個							
		バルコニー	洗浄・修理・交換		個							
		物干し金具	洗浄・修理・交換		個							

対象箇所 (適宜追加・削除)		修繕等の内容 (該当する方法に 〇を付ける)	原状回復工事費用				経過年数	賃貸人の負担		賃借人の負担	
			単価(円)	単位	量	金額(円)		割合(%)	金額(円)	割合(%)	金額(円)
設備・その他（つづき）	玄関・廊下	チャイム・インターホン	洗浄・修理・交換		台						
		玄関ドアの鍵	シリンダー交換		個						
		下駄箱	洗浄・補修・交換		箇所						
		郵便受け	洗浄・修理・交換		個						
	台所・キッチン	電気・ガスコンロ	洗浄・修理・交換		一式	1					
		給湯機器	洗浄・修理・交換		一式	1					
		戸棚類	洗浄・修理・交換		箇所						
		流し台	洗浄・修理・交換		一式	1					
		給排水設備	洗浄・修理・交換		一式	1					
	浴室・洗面所・トイレ	鏡	洗浄・修理・交換		台						
		シャワー	洗浄・修理・交換		一式	1					
		洗面台	洗浄・修理・交換		一式	1					
		クサリ及びゴム栓	交換		個						
		風呂釜	洗浄・修理・交換		一式	1					
		浴槽	洗浄・修理・交換		一式	1					
		繰給排水設備	洗浄・修理・交換		一式	1					
		蓋および備品類	洗浄・修理・交換		一式	1					
		便器	洗浄・修理・交換		一式	1					
		水洗タンク	洗浄・修理・交換		一式	1					
		洗濯機置場	洗浄・修理・交換		一式	1					
		タオル掛け	洗浄・修理・交換		個						
		ペーパーホルダー	洗浄・修理・交換		個						

※本表は、原状回復の精算を具体的にすることを目的に作成している（原状回復とは、「賃借人の居住、使用により発生した建物価値の減少のうち、賃借人の故意・過失、善管注意義務違反、その他通常の使用を超えるような使用による損耗・毀損を復旧すること（表２）」と定義される）。
※本表の対象箇所は、P．4の「入退去時の物件状況及び原状回復確認リスト（例）」に記載されている対象箇所を部位別にまとめて例示しているが、使用にあたっては、それぞれの物件に応じた形で、対象箇所の追記、削除を行われたい。
※「原状回復工事費用」の記入にあたっては、契約時の原状回復の条件（別表３）を基に原状回復を実施する際の「単価」を記入し、加えて「量」を記入することによって、「金額」を算出する。
※経過年数を考慮するものについては、それぞれの「経過年数」を記入する。
※その上で、「賃貸人の負担」「賃借人の負担」について、契約時の原状回復の条件（別表３）を基に、賃借人の負担単位、耐用年数から算出した賃借人負担割合を考慮して算出した「割合（％）」を乗じた「金額」を記入する。

4 造作買取請求権について知っておこう

造作買取請求権は特約で排除できる

◉ 造作の取り付けについては貸主の同意が必要

　造作とは、たとえば、畳、雨戸、ガラス戸、障子、上げ板、釣り棚、水道設備、電灯引込み線、エアコンといった、建物の価値を客観的に高めるために借主が取り付けた付属物をいいます。

　有益費といえる改良と造作との違いは、造作はエアコンなどのように後から付加させたものである点です。改良というのは、文字通りその物（不動産）を改良することで、後から取り付けるというよりは、建物それ自体に費用が投じられることを意味します。

　借主は貸主の同意を得てエアコンなどの造作を取り付けた場合、賃貸借契約終了時にそのエアコンを時価で買い取るように貸主に請求することができます。これを造作買取請求といいます。

　借主が買い取ってもらうには、造作の取り付けについて事前に貸主の同意を得ることが必要ですので、造作の設置を申し出るときは、貸主ともめないように事前に書面で承諾を得ておくとよいでしょう。

　買取を請求する際の金額についてですが、借主の言い値で決められるわけではなく、客観的な時価での買取りを求めることになります。借主は、貸主に対して、「造作を買い取って下さい」と言うだけで、造作の売買契約が成立することになります。買取りの際には貸主の承諾は必要とされていません。

　ただし、理屈はそうでも、結局は、まず借主が具体的な金額を提示して、貸主がそれを承諾するという形で金額が決められていくことになります。その際に金額面で両者の折り合いがつかなければ訴訟や調停で争うことになります。

● 造作買取請求を排除する特約の作成方法

　入居者が建物に何らかの設備を設置した場合、入居者が建物から立ち退く際には、原則として建物の貸主はこれらの設備を買い取る必要があります。しかし、入居者が取り付けた設備の内容によっては、貸主による買い取り費用が高額になってしまう可能性があります。

　そこで、貸主が、入居者が取り付けた設備を買い取りたくないと考えた場合には、貸主の買い取り義務を排除する契約を入居者との間で締結しておきます。借地借家法では造作買取請求を排除する特約も有効とされています。賃貸借契約の中に、貸主の設備買い取りの義務を排除する特約を盛り込んでおけば、貸主は設備を買い取る必要はありません。そのため、今日使われている賃貸借契約書のほとんどの契約では、「賃借人（乙）は、本契約の終了までに、乙が設置した造作を取り外して原状に回復した上で、本件建物を明け渡さなければならない」といった特約条項が入っています。

　また、賃貸借契約締結時にこのような特約を盛り込んでいなくても、事後的に入居者との間で設備を買い取らない旨の契約を締結すれば、やはり貸主は設備の買い取りを行う必要はなくなります。

■ 造作となる条件

```
┌─────────────────────────────┐
│ ① 建物に付加され、取外し可能な物 │
│ ② 借家人の所有物                 │
│ ③ 建物使用に便益を与える物       │
└─────────────────────────────┘
              ＋
┌─────────────────────────────┐
│         貸主の同意              │
└─────────────────────────────┘
              ＝
┌─────────────────────────────┐
│           造　作                │
└─────────────────────────────┘
```

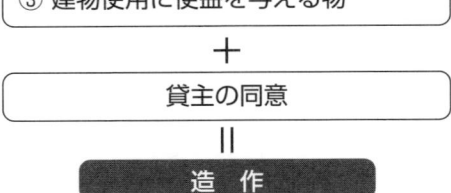

第 7 章

物件の取得や管理に関わる法律と税金

1 物件購入時に関する法律問題について知っておこう

契約の中身をしっかり理解する

● どんなことに気をつければよいのか

　ワンルームマンションや建売アパート、あるいは既存のアパートやマンション、そしてアパート用の土地など物件の購入を考えている場合、気をつけなければいけない点がいくつかあります。

　まず、契約締結段階において、トラブル防止のために最も大切なことは、契約書の内容の把握です。もし内容の把握に自信がないようであれば、身近にいる法律に詳しい人の助けを借りてでも契約内容を完全に理解してからサインしなければなりません。後で業者に都合の良いように解釈をされてからでは手遅れになってしまうことが多いからです。

① **重要事項説明書のチェック**

　物件購入の際には、契約時に提供される重要事項説明書の確認を怠らないようにしましょう。このような説明書に基づく確認を意識することで、物件の問題点が浮き彫りになってくることもあります。重要事項説明書の提示は義務付けられていますから、これを渋るような業者は要注意だと思ってよいでしょう。

② **開発許可の有無をチェックする**

　宅地造成の場合には、その区域の開発許可を当該自治体から受けていなければなりません。

③ **建築確認の有無をチェックする**

　建物を建築するにあたっては建築確認を受けなければなりません。後になってトラブルに巻き込まれないためにも建築確認を受けているかどうかを確認しておくようにします。

④ **建築法規に違反していないかどうかをチェックする**

建ぺい率や容積率、斜線規制などについても確認しておきます。将来増改築をしたいと思ったとしても、建物が建ぺい率ぎりぎりに建てられているような場合はこれが不可能となります。

⑤ **建築中の物件をチェックする**

ワンルームマンション、建売アパートなどは、いつも契約時点で完成したものが販売されるとは限りません。現在建築中の物件を販売している場合もありますから、完成後になって、契約時点で想定されていたものとは違うといったトラブルが出てくる可能性もあります。

⑥ **道路への通行に問題がないかチェックする**

購入予定の物件の周囲が入り組んだ地形の場合、公道への通行に問題がないかを確認します。土地の状況によっては袋地所有者の通行権、通行地役権といった問題が生じます。

⑦ **境界線や塀の設置の問題**

物件を購入する場合、隣地との境界を明確にしなければなりません。場合によっては塀を設置することになります。工事のための隣地使用といった問題が生じることもあります。

● 手付について

新たにアパート用の土地を購入する場合などには、手付金の受け渡しが行われます。手付とは、不動産売買の契約が成立した証として、買主側が売主側に対して一定額を支払うことを言います。

不動産売買の場合には、動く金額が大きいため、契約当事者の一方が簡単に解約をしてしまうことがないように、手付金を支払うのです。

具体的には、売主側に対して手付金を支払った買主が、その売買契約を解約する場合には、その手付金を放棄します。一方、売主がその売買契約を解約する場合には、買主が交付した手付金の2倍に相当する金額を買主側に支払うことになります。

このように、不動産売買の契約成立時に買主が支払う手付には、解約時の取り決めという意味合いがあることから、解約手付とも言われています。なお、不動産売買の売主が宅建業者の場合には、手付金の金額の上限は売買代金の20％以内とされています。

◉ 損害賠償額の予定

　自分の土地にアパートを建てる場合は、請負契約を結ぶことになります。しかし、たとえば、何らかの事情で契約を途中で解約したくなった場合には、解約はできますが、建築業者の被った損害の賠償をしなければなりません。損害賠償は、あらかじめ規定しておかなくても相手方に請求することができますが、契約時点で損害賠償額を予定しておけば、計算や立証の時間を短縮することができます。そこで、損害の発生や損害額の証明の手続を省略するため、当事者は債務不履行について損害賠償の額を予定することができます。このように、最初から損害賠償の額を定めておくことを賠償額の予定といいます。

　なお、賠償額の予定をしてしまうと、建築業者から、損害額が予定額以下であっても、予定した金額を請求されることになります。なお、

■ 手付の種類

証約手付	売買が成立した際に支払うもの 売買が成立した証拠となる
解約手付	契約の解除を可能とするために支払うもの 相手方が債務の履行に着手するまでなら、理由なく解除することができる 解除する場合、買主は手付金の放棄、売主は手付金の倍額を支払うことになる
違約手付	契約違反があった場合の保証金 債務不履行があった場合に没収することができる

宅地建物取引業法、消費者契約法などの法律では、損害賠償の予定について、消費者保護のために違約金に上限を設ける規定が置かれています。

● 瑕疵担保責任

　購入した物件に、しばらく経ってから欠陥が発見されることがよくあります。通常の売買契約であれば、民法の規定によって欠陥の発見後1年以内は売主が瑕疵担保責任を負います。建物の建築業者だけでなく、売主もこの責任を負います。しかし買主が瑕疵を発見してから1年以内であれば、何年たっても責任追及を受けるというのは、売主にとってあまりに酷なことだとして、瑕疵担保責任の期間には上限を設けることもできることになっています。物件が中古の場合であって、個人間の売買の場合は、瑕疵担保責任を契約によって免除することもできます。ただし、売主が不動産業者である場合は完全には免責されず、最低でも2年は瑕疵担保責任を負わなければなりません。そして、中古物件の場合に留意しなければならないのは、建てた時には建築基準法に適合していたが、現在の法律では違反だという建物、つまり「既存不適格」の物件です。これについても、現行法（現在の建築基準法）への違反という瑕疵があるため、瑕疵担保責任の対象になり、増改築や建替えの際に現行法にあわせなければならないという問題が生じるので、購入は避けるべきです。

　なお、物件が新築の場合で、建物の主要構造部分に瑕疵がある場合には、住宅品確法によって、売主（注文建築の場合は請負人）が不動産業者でも個人であっても、10年間の瑕疵担保責任を負うことが義務付けられています。

● 登記記録など権利関係の確認

　物件を購入する際には、「買ったはいいが使えない」ということが

ないように、物件の権利関係に問題がないことを確認する必要があります。そのための資料となるのが登記です。

登記とは、不動産に関する権利関係や会社の重要事項などについて、登記所（法務局）という国の機関に備えられている登記簿に登載して公示することをいいます。不動産に関する権利関係を公示している登記が不動産登記です。登記に記載されている内容を登記記録といいます。登記記録は、登記簿に記録され、登記簿は、原則として磁気ディスクによって調製されます。登記の内容を調べる場合、法務局で申請を行い、登記記録に記録されている事項が記載されている登記事項証明書や登記事項要約書を取得することになります。

登記記録は、土地の場合も建物の場合も、表題部、権利部からなり、権利部はさらに甲区と乙区に分かれます。権利部のうち、甲区はあるものの乙区の記録がないものもあります。また、所有権保存登記をしていても、抵当権や地上権など、所有権以外の権利を不動産に設定していなければ、権利部のうち乙区の記録はありません。

マンションなどの区分建物の場合には、まず、一棟の建物全体がどこにあり、どんな構造になっているのかということを示す建物全体の表題部があり、それに続いて専有部分についての表題部、権利部があります。つまり、区分所有建物の場合は、表題部が２つあるということになります。

① **表題部**

不動産の物理的な状況を表示する部分です。建物の登記記録では、その建物の所在、建物の家屋番号、さらに種類・構造・床面積などが記録されています。土地の登記記録では、土地の所在と地番、地目、地積などが記録されています。

② **権利部**

甲区は所有権に関する事項を記録する部分です。所有権者が、その不動産を取得した原因・年月日、所有者の住所・氏名などが記録され

ています。
　一方、乙区は不動産の所有権以外の権利についての事項が記録される部分です。乙区に登記される権利は、用益権と担保権の大きく2つに分かれます。用益権とは、賃借権や地上権など、他人の不動産を利用する権利のことです。担保権とは、抵当権や質権などのように、債権の回収を確実にするために目的物に対して設定され、債務が履行されないときは、最終的に目的物を金銭に換えて債務にあてることができる権利です。

● 賃借人の存在と抵当権などの抹消の確認

　不動産に抵当権や賃借権などがついていることがありますが、売買に先だって、これらの権利を抹消できるのか確認しておく必要があります。また、賃借人が住んでいる状態のままアパートやマンションを買う場合、住人から預かっている敷金を引き継ぐことになりますので、その分の金額は売買代金から差し引いてもらうのを忘れないようにします。アパートやマンションを買う場合に、そこに借家人が住んでいることもあります。その場合に借家人に立ち退いてもらった上で引き渡されるのか、借家人が住んだまま引き渡されるのか、あらかじめ確認の上きちんと決めておく必要があります。

● 仮登記の記載の有無を確認する

　購入予定の物件に、第三者から仮登記が行われていることがあります。わかりやすくいうと、すでに他の人から購入の予約がされているということです。売主に仮登記の抹消を求めることも考えられますが、通常、抹消の交渉は難航することが予想されますので、仮登記付物件には手を出さない方が賢明だといえます。

2 区分所有に関する法律には何があるのか

区分所有法やマンション建替え円滑化法といった法律がある

● 区分所有という法律関係

　ワンルームマンションへの投資を行う場合、投資した者が各部屋を区分所有することになります。区分所有の関係について、ルールを定めているのが区分所有法です。

　区分所有とは、マンションの一部の所有権を有していることをいいます。マンションの分譲を受けた人は、マンションを区分所有していることになります。そして、マンションを区分所有している人のことを区分所有者といいます。

　マンションには、「専有部分」と「共用部分」があります。専有部分とは、マンションの中の各部屋に該当する場所のことを指し、原則としてその部屋に住んでいる人（区分所有者）が自由に用いることができます。これに対して共用部分とは、エレベーターや階段などマンションの住民全員が用いる場所のことをいいます。共用部分については、マンションの住民全員で管理を行うことになります。

● 区分所有法による調整

　法律上、マンションのことを区分所有建物といいます。そして、区分されたそれぞれの一戸を専有部分といい、それ以外の場所、たとえば、エレベーターや階段、廊下などを共用部分といいます。

　マンションでは１つの建物に複数の世帯が住んでいるわけですから、そこには様々な利害の対立、意見の相違が出てきます。これを調整、規律するために、建物の区分所有等に関する法律（区分所有法）で共用部分の共有関係、敷地利用権、規約、集会といった事項につい

て、規定しています。もっとも、区分所有者の関係をすべて法律で調整することは不可能です。実際のマンション管理の上では、個々のマンションで独自に敷地や付属設備などの管理方法を定めた管理規約が重要な役割をは果たすことになります。

● 管理費の負担について

月々の管理費の負担は、マンションに長い間住む区分所有者にとっては大きな問題です。そこで、管理費の負担は、通常、分譲時の契約や規約で決まっています。たとえば、分譲マンションの分譲契約の時には、ほとんどの契約書にすでに「○○号室の管理費は○○円とする」などと記載されています。

もし、管理費の負担についてあらかじめ決まりがなかった場合は、法律に従うことになります。区分所有法では、管理費の負担の割合は原則として各区分所有者が持っている専有部分の床面積の割合によって決まるとしています。部屋が広い住民ほど多くの管理費を払わなければならないわけです。

● 区分所有者共同の利益に反する行為に対する措置

マンションのような集合住宅の場合、通常各人の居住スペースが近接していることもあり、1人の入居者の迷惑行為が他の区分所有者にも悪影響を与えます。そのため、区分所有法は、区分所有者の1人が共同の利益に反する行為を行った場合に一定の措置をとることができることを認めています。

まず、ある区分所有者が、共同の利益に反する行為をした場合などには、他の区分所有者は、その行為の停止などを、その区分所有者に請求できます。共同生活上の障害が著しく、行為停止の請求では効果が期待できない場合には、裁判を起こして、迷惑行為をする区分所有者に対して専有部分の一定期間の使用禁止を請求できます。ただし、

裁判の提起には集会の特別決議（区分所有者数の４分の３以上かつ議決権の４分の３以上の賛成）が必要です。

また、区分所有者の同居人や賃借人が共同の利益に反する行為を行うケースについても、区分所有者への請求と同様に、行為の停止の請求が認められています。生活上の障害が大きく、行為の停止等の請求では効果が期待できない場合は、裁判で占有者に専有部分の引渡しを請求することができます。請求は裁判で行い、裁判の提起には集会の特別決議が必要です。

◉ 復旧、建替えとは

復旧とは、災害や事故によってマンションの一部が滅失してしまった場合に、滅失した部分を元の状態に戻すことです。滅失した部分の価格がマンション全体の２分の１以下の場合は、総会の普通決議（区分所有者と議決権の各過半数による決議）によって復旧を行うことができます。これに対して、滅失部分が２分の１を超える場合は、総会の特別決議（区分所有者と議決権の各４分の３以上の多数による決議）が必要です。建替えとは、修繕では改善できない場合にマンションを取壊して新しい建物を建築することです。建替えを行うためには、総会で区分所有者と議決権の各５分の４以上の賛成が必要です。

◉ 修繕積立金について

修繕積立金は、マンションの修繕のために積み立てておくお金のことです。分譲マンションは、外壁など共用部分を含めて区分所有者の所有物となりますから、年数経過による劣化や破損の修繕は、当然、区分所有者自身が行わなければなりません。

しかし、マンションの修繕となると区分所有者全員で費用を分担するといっても、各々の負担はかなり高額になります。管理組合が修繕するたびに一度に請求しても、支払えない人が出てくるかもしれませ

ん。そこで通常は、予測される劣化に対する修繕費用を月々積み立てていく方法をとっています。月々の積立金の額を決定する際には、管理組合の総会で承認を得ることになっています。マンションの構造や備えられた設備の耐久性、補修が必要となる経過年数、予想される修繕費用などを事前に調査し、根拠ある金額を総会に提示し、決定されますが、当初予定していた修繕積立金では足りなくなるということは、よくあることです。あまり安く見積もられている場合には、毎月集める修繕積立金が値上げされたり、あるいは実際に修繕する際に追加金を徴収される可能性がありますので注意が必要です。

　マンションを維持管理するために必要なのが管理費と修繕費です。マンションの購入では、これらの必要経費が多いと購入をためらう顧客がいるため、必要経費を抑える場合、修繕費を低くする傾向があります。修繕費が少ないと、将来修繕を行う時に修繕費が不足するため、修繕費を増額しなければならなくなったり、修繕時に追加料金の負担が区分所有者全員に発生したり、最悪、修繕できない可能性があります。これから購入を考えるのであれば、建物維持のために積立金がいくら必要かを検討し、適正な修繕費の積立を行っていなければ、修繕費不足のリスクを回避するために、投資を考え直した方がよいのかもしれません。

■ マンション管理のしくみ

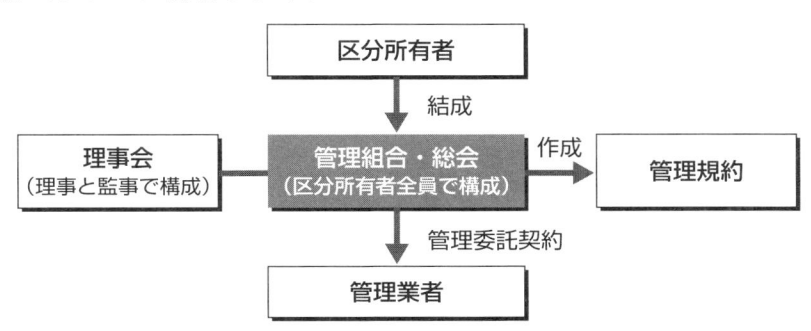

```
                    ┌──────────┐
                    │  区分所有者  │
                    └──────────┘
                          │ 結成
                          ▼
┌──────────────┐    ┌──────────────┐  作成  ┌──────────┐
│    理事会     │───▶│ 管理組合・総会  │─────▶│ 管理規約  │
│(理事と監事で構成)│    │(区分所有者全員で構成)│      └──────────┘
└──────────────┘    └──────────────┘
                          │ 管理委託契約
                          ▼
                    ┌──────────┐
                    │  管理業者  │
                    └──────────┘
```

3 通常の譲渡税について知っておこう

譲渡所得は売却額から取得費と譲渡費用を引いた額である

● 不動産を売却したときの税金と譲渡所得の計算方法

　アパートやマンションを売却した収入で利益を得ると、税金がかかります。個人が土地や建物を売ったときの所得は、「譲渡所得」といいます。土地や建物の譲渡所得には申告分離課税という方式が適用され、他の所得とは合計せずにそれ単独で税金を計算するしくみになっています。譲渡所得の計算は、その売った価格から「取得費」と「譲渡費用」を引いた額になります。取得費とはその土地・建物を購入した価格、譲渡費用とはその土地・建物を売るのに必要とした費用のことです。

● 長期譲渡所得の1000万円特別控除とは

　土地や建物を売った場合に、特例として「特別控除」を受けられることがあります。たとえば、特定土地等の長期譲渡所得の特別控除という制度があります。この制度は、平成21年と平成22年に購入した土地を、ほぼ5年間以上（長期）所有した後に売却した場合、税金の計算上譲渡所得から1000万円を引く（控除）特例です。控除された分、税金は安くなるというわけです。

　特例を受けることができる基準は、以下の5点を満たすことです。

① 平成21年1月1日から平成22年12月31日までの間にその土地を購入すること
② 売却時期が、平成21年購入分については平成27年以降、平成22年購入分については平成28年以降であること

③ 親子や夫婦、生計を一にしている親族、特殊な関係のある法人など「特別な間柄」の人から購入した土地ではないこと
④ その土地が、相続、遺贈、贈与、交換、代物弁済、所有権移転外リース取引によって取得した土地ではないこと
⑤ 売却した土地が、他の特別控除や譲渡所得の特例などを受けないこと

● 取得費とは

　土地や家屋の取得費とは、その土地・家屋の購入代金や建築代金、購入手数料などの「購入代金等合計額」です。
　「購入代金等合計額」には、以下のようなものが含まれます。

① 借主に支払った立退料
② 埋立や土盛り、地ならしなどの造成費用
③ 土地の測量費
④ 土地・建物を自分のものにするためにかかった訴訟費用
⑤ 土地の利用が目的で取得した建物の購入代金や取壊し費用
⑥ 土地・建物を購入するために借りた資金の利子（土地・建物を使用し始めるまでの期間の利子に限られる）
⑦ 土地・建物の購入契約を解除して、他の土地・建物を購入し直したときに発生した違約金

　また、建物の場合は、年月が経つと次第に財産の価値が減るので、取得費もその分だけ減らすように定められています。これを「減価償却」といいます。なお、購入時の代金等の「購入代金等合計額」がわからない場合は、「取得費」を売却価格の5％の額にすることができます。

相続や贈与によって取得した土地・建物の場合、被相続人や贈与者がその土地・建物を購入した「購入代金等合計額」が適用されます。ちなみに、相続した土地・建物を一定期間内に売却した場合は、相続税額の一部を「取得費」に追加する特例もあります。

● 譲渡費用とは

譲渡費用とは、土地・建物を売却するために直接かかった費用です。以下のようなものが当てはまります。

---

① 売却時の仲介手数料
② 売却のために測量した場合の土地の測量費
③ 売買契約書等の印紙代
④ 売却のために借家人に支払った立退料
⑤ 土地を売るためにそこに建てられていた建物を取り壊した場合の、その建物の取壊し費用と取得費（減価償却後）
⑥ すでに行っていた土地・建物の売却契約を解除して、より良い条件で売却することにしたときに発生した違約金
⑦ 借地権を売るときに土地の貸主の許可をもらうために支払った費用

なお、修繕費や固定資産税など、土地・建物の維持・管理のためにかかった費用は、「売却するために直接かかった費用」ではないため、譲渡費用には含まれません。同様に、売った代金の取立てのための費用なども、譲渡費用には含まれません。

● 税率はどうなるのか

土地・建物の譲渡所得は、その不動産の所有期間の長短によって異なります。所有期間が5年以下の場合を短期譲渡、所有期間が5年を

超える場合を長期譲渡といいます。短期譲渡では税金が高率になっています。正確には、売却した年の1月1日時点の所有期間が5年以下のときに「短期譲渡」になり、譲渡した年の1月1日時点の所有期間が5年を超えていたときに「長期譲渡」になります。

　短期譲渡の場合は、税率は国税である所得税が30％、地方税である住民税が9％で、合計で39％です。長期譲渡の場合は、所得税が15％、住民税が5％で、合計で20％です。

　なお、平成25年から平成49年までの所得には、従来の所得税に2.1％を掛けた復興特別所得税がかかります。

◉ 取得日や譲渡日がいつかを確かめる

　短期譲渡と長期譲渡で税金の額が異なりますし、他にも税金上の特例が適用される場合ありますので、土地・建物の取得日と譲渡日が正確にいつであるのかは大事な問題になります。

　「取得日」つまり購入などの手段によってその土地・建物を取得した日については、それが購入であった場合は、「引渡日」と「契約日」のどちらか好きな方を選択できます。ただし、新築の建物を購入する場合は、「契約日」を選択することはできず、「引渡日」が取得日になります。なお、相続や贈与によって取得した土地・建物の場合は、被相続人や贈与者がその土地・建物を購入した日が適用されます。

　「譲渡日」つまり売却などの手段によってその土地・建物を譲渡した日も、「引渡日」と「契約日」のどちらか好きな方を選択できます。売主としては、通常支払う税金を安くすませたいでしょうから、長期譲渡になる方を選択した方が得になります。不動産を取得・売却する際にはいつが取得日・譲渡日になるのかを確認することが大切です。

4 事業用資産の買換え特例について知っておこう

事業を営む個人が事業用資産の買換えを行った場合が対象となる

● 事業用資産とは

　事業のために使われる土地や建物などのことを事業用資産といいます。アパートやマンションの賃貸業を営むための不動産も、この事業用資産に該当します。ただし、ある程度の規模があること、事業に用いられていることが事業用資産と認められるための条件です。不動産の貸付などで、事業といえるような規模ではないが、代金を受け取って継続的に行われているようなものについては、この事業に準ずるものに含まれます。

　なお、この特例の適用を受けるために一時的に使用した資産、たまたま運動場や駐車場として利用していた空き地などは、事業用資産として認められません。

● 事業用資産の買換え特例とはどんな特例か

　事業用資産の買換え特例とは、譲渡益に対する課税を将来に繰り延べる制度です。事業を営む個人が事業用資産の買換えを行った場合が対象となります。具体的には、手放した資産の売却額と買い換えた資産の価額との関係で、以下のように譲渡所得を計算します。

① 「手放した資産の売却額 ＞ 買い換えた資産の価額」の場合

　　譲渡所得＝手放した資産の売却額×0.2－取得費等×0.2－特別な金額

② 「買い換えた資産の価額 ＞ 手放した資産の売却額」の場合

　　譲渡所得＝手放した資産の売却額（A）－買い換えた資産の価額（B）
　　　　　　$\times\ 0.8\ -\ $取得費等$\ \times\ \dfrac{A-B\times 0.8}{A}\ -\ $特別な金額

事業用資産の買換え特例の適用を受けるためには、下図の要件をすべて満たしている必要があります。図中における②の「一定の組み合わせ」の代表的な例としては、東京23区内など既成市街地等の区域内にある一定の建物や土地等から区域外にある一定の資産へ買い換える場合などがあります。

● 立体買換えの特例（等価交換）とは

所用している土地を提供し、その土地に建った建物の一部の提供を受けることを立体買換えといいます。土地と、土地の価値に相当する建物の一部を交換することから、等価交換とも呼ばれます。土地の代わりに提供されるものには、持ち分に相当する土地の共用部分も含まれます。等価交換は、土地と建物の一部を交換するだけなので、お金のやりとりは行わないということになります。新たな資金を用意することなく土地を活用することができます。

また、土地は何も建っていない状態で所有していると相続税評価額が高くなります。同じ価値であれば建物の方が相続税評価額は低く計

■ 事業用資産の買換え特例の適用を受けるための要件

① 売却する資産、買い換える資産が共に事業用であること
② 売却する資産、買い換える資産が一定の組み合わせに当てはまるものであること
③ 買換え資産が土地等である場合には、取得した土地等の面積が原則として売却した土地等の面積の5倍以内であること
④ 資産を売却した年の前年・その年・翌年のいずれかに新しい資産を購入すること
⑤ 新しい資産を購入後、1年以内に使用を開始すること
⑥ 土地等の売却の場合、売却した年の1月1日において所有期間が5年を超えていること

算され、相続税対策になります。土地との交換で提供された建物の一部は、自由に使うことができます。自分で住む他に、会社として利用する、賃貸物件として他人に貸し出す、といった様々な使い方ができます。売買ではなく交換であることから譲渡所得は発生しませんが、例外的に一部を現金で精算した場合、その部分だけは課税の対象となります。取得費としては、交換前の財産の取得にかかった費用が引き継がれるので注意が必要です。減価償却費として計上が許される金額が低くなる、譲渡する際の譲渡益が大きくなる、といった将来の課税金額増加が見込まれます。

● 固定資産の交換の特例とは

所有している土地や建物などを同程度の価値のものと交換した場合に、一定の要件を満たしたものについては課税をしない、という制度が固定資産の交換の特例です。

土地と土地、建物と建物などを交換した場合に実際には現金が動いていないにも関わらず課税が発生してしまうのを防ぐために設けられています。

■ 立体買換えの特例

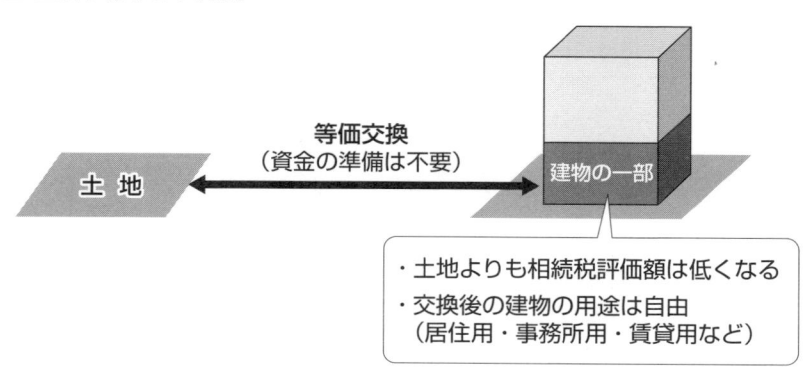

等価交換
（資金の準備は不要）

土地 ⇔ 建物の一部

・土地よりも相続税評価額は低くなる
・交換後の建物の用途は自由
（居住用・事務所用・賃貸用など）

この特例を受けるための条件は以下の通りです。
① **固定資産の交換であること**
たとえば不動産会社が販売のために所有している土地は棚卸資産になるため、この特例の適用対象となりません。
② **同じ種類の資産の交換であること**
土地と土地、建物と建物といったように同じ種類の資産を交換することが必要です。
③ **１年以上所有していたものの交換であること**
交換するために取得した資産でないことが必要です。
④ **交換後、同じ目的で交換した資産を使用すること**
土地は宅地・田畑・鉱泉地など、建物は居住用・店舗または事務所用・工場用・倉庫用・その他用に分類されます。この区分に沿った使い方が交換後もされることが必要です。
⑤ **時価の差が20％以内の資産の交換であること**
時価の算定は不動産鑑定士によって行われますが、実際には資産の交換を行う双方が納得すれば等価として認められます。

● 交換する資産の価値が問題になることもある

明らかに価値が異なる資産の交換の場合、価値の低い資産を提供しようとする側が不足している価値分を現金（交換差金と呼ばれます）で支払うことで交換を成立させることがあります。
この交換差金は所得税の対象となり、交換差金を受け取る側に課税されます。課税対象となるのは交換差金として受け取った金額すべてではなく、交換によって取得した資産との合計額に対しての交換差金が占める割合部分のみになります。

Column

駐車場経営には借地借家法の適用はない

　駐車場経営は土地の賃貸人にとって魅力的です。青空式駐車場であれば土地さえあれば始められるので手間もかかりませんし、安定収入が見込めます。アパート経営などでは、それなりの広さをもった土地が必要ですが、駐車場の場合ですと、本当に猫のひたいほどの土地、奥深いところにある土地、変形している土地でも、それなりの有効活用が可能になります。また、駐車場経営では、マンション・アパート経営のような借地借家法などの特別法に関する知識、保守管理に関する専門知識が不要です。さらに、将来的にアパートを建てる、子どもの成長後に事業用に転用するといった用途変更が、法律上も事実上もやりやすいといえます。

　ところで、駐車場として使用する目的で土地の賃貸借が行われた場合、借地借家法は適用されません。賃貸人の解約申入れに正当事由は必要なく、理由を問わず、賃貸人は契約条項または民法の規定に従って賃借人に解約の申入れをすることができます。一般的には、「少なくとも1～3か月前の予告をもって解約できる」といった契約条項を定めるケースが多いようです。

　駐車場契約には、土地全体を駐車場として賃貸する場合と一区画ごとに賃貸する場合があります。駐車車両を制限する場合もあります。駐車車両を制限する場合には、①車両名、②車両番号、③車両所有者名、などを契約上特定して記載します。契約の際、車検証や運転免許証の他、認印などによって身分の確認をしておきましょう。

　賃借人は、賃料を払う事はもちろんですが、賃貸人の定めた管理規則に従って、「善良なる管理者の注意」をもって駐車場を使用しなければならないことや、契約終了後に自動車を移動し、残留品を撤去して賃借した駐車場を原状に復して賃貸人に返還しなければならない点については、契約書にも明記しておくとよいでしょう。

第8章

所得税の計算と確定申告

1 家賃収入を得ると所得税などがかかる

家賃、権利金、更新料などの所得である

● 収入と所得

　一般に「所得」とは、収入から必要経費を引いたもののことです。所得税は、あくまでも収入ではなく所得に対して課税されます。通常、収入と所得は同じ意味のように考えられていますが、収入と所得は全く違います。たとえば、会社員の場合、会社からもらう「給与所得の源泉徴収票」の「支払金額」が収入金額です。そして、「給与所得控除後の金額」が所得金額です。給料の場合は、必要経費とは呼ばずに給与所得控除額と呼んでいます。このように収入と所得は、税金上全く意味が違うことを知っておきましょう。

　所得税は収入ではなく所得にかかります。所得税法では、10種類の所得について、具体的にその所得の金額の計算方法を定めています。所得を10種類に分類した理由は、所得の性質によって税金を負担することができる能力（担税力という）が異なるからです。たとえば老後の資金となる退職所得は、担税力を考慮して所得の2分の1を課税対象とし、他の所得とは合算しないようにしています。

■ 所得税は利益に課される

収入	－	必要経費	＝	所得（利益）
個人事業者であれば売上や雑収入のこと。給与所得者であれば給与の総支給額のこと		個人事業者であれば必要経費のこと。給与所得者であれば給与所得控除のこと		ここに所得税が課される

● 不動産所得とは

　土地・建物等の不動産を貸し付けることで得た地代、家賃、権利金、礼金などの所得を不動産所得といいます。敷金は入居時に預かるお金ですが、退去時に借主に返還されるものは収入にあたらないので、不動産所得には含まれません。また、船舶・航空機の貸付による所得も不動産所得です。不動産の仲介などによる所得は事業所得または雑所得になります（202ページ図表参照）。

　不動産の貸付を事業として行っている場合であっても、その所得は事業所得ではなく不動産所得です。土地や建物を貸して月々賃貸料を受け取っている場合だけでなく、余った部屋に人を下宿させて家賃を受け取っている場合も不動産所得です。

　ただし、下宿でも、食事を提供している場合やホテルなどのようにサービスの提供が主な場合には事業所得または雑所得になります。

■ 不動産所得の計算方法

不動産所得 = 不動産を利用して得た収入金額[※1] － 必要経費[※2]

[※1] 収入金額：家賃・貸間代・権利金・更新料・名義書換料などの収入

[※2] 必要経費：修繕費・固定資産税・都市計画税・火災保険料・管理人の給料・借入金利子・減価償却費 など

減価償却費の計算

→ 定額法 …→ 取得価額 × 耐用年数に応じた償却率 × その年中の業務に供した月数 / 12

→ 定率法 …→ （取得価額 － 減価償却累計額） × 耐用年数に応じた償却率 × その年中の業務に供した月数 / 12

※ 平成19年4月1日以後に取得した資産の場合

事業主が従業員に寄宿舎などを提供している場合に受け取る賃貸料も、事業に付随して発生する所得として事業所得になります。

月極駐車場は不動産所得となりますが、時間極駐車場はサービス業としての側面を有することから事業所得または雑所得になります。

ビルの屋上や側面の看板使用料は不動産所得ですが、店舗の内部の広告料は事業付随収入として事業所得になります。

● 不動産所得の金額

不動産所得の金額は、その年の地代等の総収入金額から必要経費を控除した金額となります。一定水準の記帳をし、その記帳に基づいて正しい申告をする人には、所得金額の計算などについて有利な取扱いが受けられる青色申告の選択が認められています。青色申告者は、必要経費を差し引いた残額から「青色申告特別控除額」を控除した金額が不動産所得となります。

満額の青色申告特別控除（65万円）の適用を受けるには、上記条件の他、不動産所得を生ずべき事業を営む人と限定されています。つまり不動産の貸付が事業として行われていることが必要です。

建物の貸付が事業として行われているどうかは、社会通念に照らし事業的規模であるかどうかによりますが、次の1つに該当する場合は、形式基準として事業として行われているものと判定します。

① 貸間、アパート等については、貸与することができる独立した室数がおおむね10以上であること
② 独立家屋の貸付については、おおむね5棟以上であること

● 不動産所得の必要経費

不動産所得にかかる必要経費には、貸し付けた土地や建物などの不動産取得税、登録免許税、固定資産税、修繕費、損害保険料、減価償却費、借入金の利息、管理人の給料などが含まれます。

ただし、上棟式の費用は、必要経費ではなく建物の取得価額に含まれます。

なお、不動産所得の金額が赤字になった場合には、損益通算（204ページ）を行うことができます。

しかし、不動産所得の赤字のうち、土地等を取得するために要した負債の利子に相当する部分の金額は、損益通算できません。借金して取得した土地の利息分までも相殺（互いにもつ債権を対当額の範囲で消滅させること）することはできないということです。

たとえば、不動産所得の金額が赤字100、借入利息が80で、そのうち土地を取得するために要した利息が40だったとします。赤字100のうち、この40は損益通算できませんので、100－40＝60を他の黒字の所得と通算することになります。

◉ 超過累進税率による総合課税

所得に対してかかる税金が所得税です。所得には様々な種類がありますが、不動産所得の金額は、他の所得と総合して総所得金額を構成し、超過累進税率により総合課税（合算の対象となる所得を合計して税額を計算・納税する課税方式）されます。

■ 所得税の速算表

課税される所得金額	税率	控除額
① 195万円以下	5%	0円
② 195万円を超え　330万円以下	10%	97,500円
③ 330万円を超え　695万円以下	20%	427,500円
④ 695万円を超え　900万円以下	23%	636,000円
⑤ 900万円を超え　1,800万円以下	33%	1,536,000円
⑥ 1,800万円超え　4,000万円以下	40%	2,796,000円
⑦ 4,000万円超（※⑦については平成27年分の所得税から適用）	45%	4,796,000円

（注）たとえば「課税される所得金額」が700万円の場合には、求める税額は次のようになります。
　　700万円×0.23－63万6,000円＝97万4,000円

第8章　所得税の計算と確定申告

2 税額計算の流れをおさえよう

6段階による計算によって税額を計算する

● 所得税の計算方法とは

以下のように6段階で計算します。

① 総所得金額を求める

　10種類に分類された所得は、それぞれの所得について、収入金額から差し引く必要経費の範囲や特別控除などが決められていますので、それに従ってそれぞれの所得金額を計算します。

　原則は、各所得を合計して、その全体の所得に税金がかかる形になります。これを総合課税といいます。しかし、一時的に得た所得が大きい場合、総合課税されると、その年だけ非常に大きな税額がかかってしまうため、一部の所得については、他の所得とは合計せずにそれ

■ 所得の種類

利 子 所 得	預貯金・公社債などの利子
配 当 所 得	株式の配当・剰余金の分配など
不 動 産 所 得	土地・建物などの貸付けによる所得
事 業 所 得	事業による所得（不動産賃貸所得は不動産所得）
給 与 所 得	給料・賞与など
退 職 所 得	退職金・一時恩給など
山 林 所 得	山林・立木の売却による所得
譲 渡 所 得	土地・建物・株式・ゴルフ会員権などの売却による所得
一 時 所 得	懸賞の賞金・生命保険の満期保険金など一時的な所得
雑 所 得	公的年金や事業とはいえないほどの原稿料、講演料など上記にあてはまらない所得

単独で税金を計算するしくみがとられています。これを申告分離課税といいます。申告分離課税される所得には、山林所得、退職所得、土地建物等・株式等の譲渡による譲渡所得があります。なお、利子所得のように源泉徴収だけで課税関係を完結させる源泉分離課税によって処理する所得もあります（この場合、確定申告も不要）。

② **所得控除額を計算する**

個々人の個人的事情等を考慮して設けられている所得控除額を計算します。災害により資産に損害を受けた場合の「雑損控除」、多額の医療費の支出があった場合の「医療費控除」、配偶者や扶養親族がいる場合の「配偶者控除」や「扶養控除」、すべての人に認められている「基礎控除」など、14種類の所得控除が設けられています。

③ **課税所得金額を求める**

所得金額から所得控除額を差し引いて課税所得金額（1,000円未満切捨）を求めます。

④ **所得税額を算出する**

課税所得金額に税率を掛けて所得税額を計算します。税率は、課税所得金額に応じて5％から40％の6段階に分かれています（2015年以降は5％から45％の7段階）。

⑤ **所得税額から税額控除額を差し引く**

税額控除には、配当控除や住宅ローン控除などがあります。配当控

■ **3つの課税方法**

課税方法
- 1 **総合課税** 他の所得と合算して税額を計算する
- 2 **申告分離課税** 他の所得と区別（分離）して税額を計算する
- 3 **源泉分離課税** 源泉徴収された税額だけで課税関係を完結させる

第8章 所得税の計算と確定申告

除とは、配当を受け取った場合や収益を分配された場合に一定の方法により計算した金額を控除するものです。また、ローンを組んで住宅を購入した場合には、ローン残高に応じて一定の金額が控除できます。

⑥ 源泉徴収税額や予定納税額を差し引く

税額控除後の所得税額（年税額）から源泉徴収された税額や前もって納付している予定納税額があるときは差し引いて精算します。

これで最終的に納める所得税額（100円未満切捨）または還付される所得税額が算出されます。

◉ 損益通算とは

2種類以上の所得があり、たとえば1つの所得が黒字、他の所得が赤字（損失といいます）といった場合に、その所得の黒字と他の所得の赤字とを、一定の順序に従って、差引計算を行うものです。

■ 所得税の6段階計算

① 各種所得ごとに所得金額を計算
　　10種類の所得ごとに一定の方法で所得金額を計算

② 所得控除額を計算
　　個人的事情などを考慮した所得控除額を求める

③ ①から②を引いて課税所得金額を計算
　　1,000円未満の端数を切り捨て

④ ③に税率をかけて所得税額を計算
　　課税所得金額に応じた超過累進税率を適用して所得税額を計算

⑤ ④から税額控除額を差し引く
　　配当控除や住宅ローン控除などの税額控除額を差し引く

⑥ ⑤から源泉徴収税額や予定納税額を差し引く
　　納付する税額の場合は100円未満端数切捨、
　　還付される税額のときは、端数処理はしない

すべての所得の赤字（損失）が他の黒字の所得と損益通算できるものではありません。所得税では、不動産所得、事業所得、山林所得及び譲渡所得の金額の計算上生じた損失の金額があるときに限り、一定の順序により他の各種所得の金額から控除できるものとしています。

ただし、不動産所得の金額の赤字のうち土地等を取得するために要した借入金の利子に対応する部分の金額は損益通算することはできません。

● 損益通算の順序

損失の金額は、次の順序により控除を行います。
① 不動産所得、事業所得の損失の控除
不動産所得の金額または事業所得の金額の計算上生じた損失の金額は、利子所得、配当所得、不動産所得、事業所得、給与所得、雑所得の金額（経常所得の金額といいます）から控除します。
② 譲渡所得の損失の控除
譲渡所得の金額の計算上生じた損失の金額は、一時所得の金額から控除します。
③ ①で控除しきれないものの処理
①で控除しきれないときは、譲渡所得の金額、次に一時所得の金額（②の控除後）から控除します。

■ 損益通算のしくみ

損益通算とは → プラスの所得とマイナスの所得を相殺すること

損益通算できる所得は
- 不動産所得
- 事業所得
- 山林所得
- 譲渡所得

これ以外の所得のマイナスは対象外

④　②で控除しきれないものの処理

②で控除しきれないときは、これを経常所得の金額（①の控除後の金額）から控除します。

⑤　③、④で控除しきれないものの処理

③、④の控除をしても控除しきれないときは、まず山林所得の金額から控除し、次に退職所得の金額から控除します。

⑥　山林所得の損失の処理

山林所得の金額の計算上生じた損失の金額は、経常所得（①または④の控除後）、次に譲渡所得、次いで一時所得の金額（②または③の控除後）、さらに退職所得の金額（⑤の控除後）の順で控除を行います。

以上、損益通算がこのような順序になっているのは、所得の性質を考慮しているためです。まずは同じ性質の所得と通算し、次に性質の違う所得と通算するという手順です。

■ 損益通算の対象

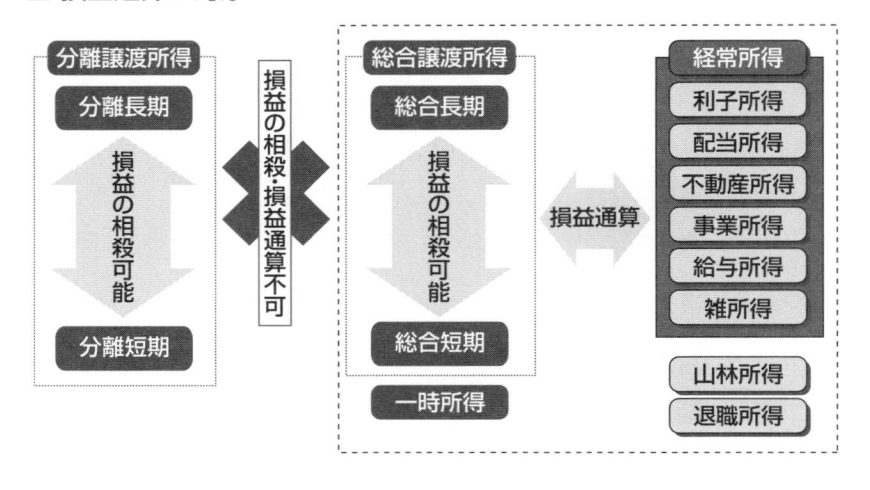

■ 所得税の計算のしくみ

（例）物品販売業を営む人の所得税額の算定

Step1. 各種所得の金額の計算

① 事業所得
総収入金額 40,000,000 円－必要経費 36,350,603 円
＝事業所得の金額 3,649,397 円

② 不動産所得
総収入金額 3,600,000 円－必要経費 1,600,000 円
＝不動産所得の金額 2,000,000 円

③ 配当所得
収入金額 69,000 円－その元本取得のための負債利子 0 円
＝配当所得の金額 69,000 円

④ 雑所得（公的年金等）
収入金額 1,012,012 円－公的年金等控除額 1,012,012 円＝0 円

⑤ 合計額　①＋②＋③＋④＝5,718,397 円

Step2. 所得控除

医療費控除 74,518 円＋社会保険料控除 1,015,314 円＋
生命保険料控除 50,000 円＋配偶者控除 380,000 円＋
基礎控除 380,000 円＝合計額 1,899,832 円

Step3. 課税所得金額

各種所得の金額の合計額 5,718,397 円－所得控除の合計額
1,899,832 円＝3,818,000 円（1,000 円未満切捨て）

Step4. 所得税額

課税所得金額 3,818,000 円 × 税率 20％－控除額 427,500 円
＝所得税額 336,100 円

Step5. 税額控除

配当控除 6,900 円 → 税額控除の合計額 6,900 円

Step6. 基準所得税額（再差引所得税額）

所得税額 336,100 円－税額控除の合計額 6,900 円
＝差引所得税額 329,200 円

Step7. 復興特別所得税額

基準所得税額 329,200 円 ×2.1％＝6,913 円

Step8. 申告納税額

差引所得税額 329,200 円 + 復興特別所得税額 6,913 円－
源泉徴収税額 4,830 円＝331,200 円（100 円未満切捨て）

第 8 章　所得税の計算と確定申告

3 不動産所得における収入・経費について知っておこう

不動産所得は収入から経費を引いたものである

● 収入になるもの

　不動産所得は収入から経費を引いた金額になります。

　収入に当たるものとしては、建物を貸した場合の、家賃といった賃貸料があげられます。また、礼金、あるいは更新料なども収入に当たります。

　敷金や保証金など、退去時などに返還されることになっているものは、収入には当たらず、預り金として扱われます。ただし、敷金や保証金については、その一部ないし全部を返還しない契約のものも存在します。その場合は、返還されない部分は収入とみなされます。

　共同住宅などでは、街灯などの共用部分を維持するために、また、ごみ処理などのために、共益費を徴収される場合があります。共益費も貸主の収入に含まれます。他方で、貸主が実際に支払った水道代、電気代などについては、経費として処理することになります。

　家賃や共益費などについて、収入として計上する時期は原則として次のようになります。

　契約書や慣習などで支払日が定められている場合は、その支払日です。契約書などで支払日が定められていない場合は、実際に支払いを受けた日になります。ただし、請求があったときに支払うことになっている支払いについては、その請求日になります。

　また、建物を賃貸することで一時的に収入が入る、礼金、更新料、承諾料などについては、次のようになります。

　賃貸物件の引渡しが必要なものは、その引渡しのあった日です。引渡しが必要ないものは、契約の効力が発生した日です。

敷金や保証金で返還の必要がないものについては、返還の必要がないことが確定した日の収入に計上します。

● 経費として扱われるもの

経費に含まれるものには、以下のようなものがあります。

① **賃貸用の土地・建物にかかる固定資産税・都市計画税**
固定資産税や都市計画税は、経費に含めることができます。

② **建物にかける火災保険料などの損害保険料**
火災保険料などの損害保険料も、経費に含めることができます。

③ **減価償却費**
建物は年を経ると資産価値が下がります。資産価値が下がっていくとみなされる額を減価償却費として毎年の経費に計上していきます。

④ **修繕費**
畳やふすまの取替え、壁の塗替えなど、不動産経営にかかる「修繕費」はその年の経費に算入できます。ただし、「資本的支出」(資産の使用可能期間を延長させたり、資産の価値を増大させるような支出のこと)に該当するものは、修繕費とはみなされず、資本として計上した上で、複数年にわたる減価償却費として、経費に計上していきます。

■ 収入となるもの・経費となるもの

収入 − 経費 = 不動産所得

収入となるもの
- 不動産の賃貸料
- 礼金、更新料など
- 建直しに係る承諾料など
- 共益費などの徴収分

※敷金や保証金などで退去時に返還されるものは、収入ではなく預り金になる。

⑤ **共用部分の水道代、電気代など**

共益費として徴収したものでも、貸主の経費として扱われます。

⑥ **不動産管理会社に支払う管理委託手数料等**

賃貸用の建物の管理を不動産管理会社に委託している場合は、その管理委託手数料等も経費に含まれます。

⑦ **入居者募集のための広告宣伝費**

入居者を募集するため広告宣伝費も経費に含めることができます。

⑧ **借入金の利息**

利息を経費に算入できます。元本部分の返済額は経費とは認められません。不動産所得全体で赤字になった場合には、制限があります。

⑨ **税理士に支払う報酬**

税務申告等を依頼する場合は報酬も経費に含めることができます。

⑩ **その他雑費**

不動産所得の経費と認められるのは不動産事業のための経費のみです。支出が自分の家庭用の費用と一体になっている場合は家庭用として支出した分は区分して、除外しなければなりません。

● 収入・経費双方に計上するものがある

入居者から受け取った礼金や更新料の一部を、仲介手数料として不動産会社等に支払うことがあります。この場合の経理処理には、少し注意が必要です。たとえば10万円の礼金を受け取り、そのうち5万円を不動産会社に支払ったとします。差し引きすると、収入のうち手元に残るのは5万円です。しかし、収入として5万円のみ計上するというのは、実は誤りです。収入と経費はそれぞれ総額で計上しますので、礼金10万円を収入として、また、仲介手数料5万円を経費としてそれぞれ計上しなければなりません。

4 有利な青色申告制度について知っておこう

個人も法人も青色申告を申請して税制上の特典を受ける

◉ 青色申告には税務上の特典がある

　確定申告には、青色申告と白色申告があります。

　青色申告とは、所定の帳簿を備え付けて日々の取引を記録すると共に、自ら所得を正しく計算して申告する人は、青色の申告書により申告することができる制度です。

　所得税の青色申告を選択できる人は、①不動産所得、②事業所得、③山林所得のいずれかの所得を得ている納税者に限られていますが、青色申告には節税効果のある様々な特典が認められています。

　青色申告で確定申告をしようとする場合には、「所得税の青色申告承認申請書」を所轄の税務署に提出して承認を受けなければなりません。同様に、新規に開業する人は、1月15日以前に開業したときはその年の3月15日までに、1月16日以降の場合は開業の日から2か月以内に提出する必要があります。遅れると青色申告できる年が1年延びてしまいますので要注意です。

◉ 具体的に何をすればよいのか

　青色申告者となるには、複式簿記による帳簿書類、または簡易帳簿を作成することが条件（義務）となります。複式簿記による記帳であれば、所得から65万円の控除（青色申告特別控除）が受けられます（簡易帳簿なら10万円の控除のみ）。帳簿をつけるのであれば、今後の事業の発展も考慮し、簡易帳簿ではなく複式簿記による記帳を選んでおいた方がよいでしょう。

● どんなメリットがあるのか

　個人開業する者が青色申告をした場合には、主に以下のような種々の特典が認められています。

① **青色事業専従者給与**

　専従者給与を必要経費として処理できます。専従者給与とは、妻や子供が仕事を手伝い事業に従事している場合の給与のことです。なお青色事業専従者給与額を必要経費に算入して処理する場合には、「青色事業専従者給与に関する届出書」を提出することが必要です。

② **純損失の繰越控除や繰戻し**

　純損失の繰越控除とは、損失を赤字の出た年の翌年から3年間（会社組織は9年間）に渡って繰越で控除すると言うことです。これは翌年以降に黒字化した場合の節税対策として大きなメリットとなります。

　純損失の繰戻しとは、その年にでた損失は、確定申告書と共に所定の還付請求書を提出すれば前年分の税額の一部または全額の還付が受けられると言うものです。これは翌年以降に赤字が見込まれる場合に力を発揮します。

③ **青色申告特別控除**

　特別控除所得計算上、65万円、10万円の特別控除額を控除できます。

● 法人の青色申告

　青色申告は個人開業した場合だけでなく、株式会社などの会社を設立した場合にも利用することができます。会社などの法人が利益を上げると、個人の所得税にあたる法人税が課されるので、法人税について、「青色申告の承認申請書」を提出することになります。

　個人開業をする場合に検討する所得税の青色申告については、青色申告ができる者について「不動産所得・事業所得・山林所得を生ずべき業務を行う者」という限定がありますが、法人税の場合には、業種を問わず、①法定の帳簿書類を備え付けて取引を記録・保存すること、

②「青色申告の承認申請書」を所轄の税務署長に提出して承認を受けること、の2つの条件を満たすことで青色申告が認められます。

● 法人が青色申告する場合の手続き

　青色申告の承認を受けようとする法人は、その事業年度開始の日の前日までに、「青色申告の承認申請書」を納税地の所轄税務署長に提出しなければなりません。ただし、設立第1期の場合には、設立の日以後3か月を経過した日と、設立第1期の事業年度終了の日とのどちらか早い日の前日までに申請書を提出することになっています。

　前述したように、法定の帳簿書類の備付けと取引の記録・保存が青色申告をするための要件とされているため、青色申告法人は、仕訳帳・総勘定元帳・棚卸表その他必要な書類を備えなければならず、その事業年度終了の日現在において、貸借対照表および損益計算書を作成しなければなりません。また、主要な帳簿書類（決算書・申告書、定款、登記関連書類、免許許可関連書類、不動産関連書類、その他、重要な契約書・申請書・届出書など）については、資本金の大小に関わらず、原則として7年間保存することが要求されています。

■ 青色申告のメリット

- 家族を従業員とする場合に、家族の給料を必要経費にできる
- 純損失の繰越控除や繰り戻しができる
- 青色申告特別控除として最高65万円控除できる
- 引当金を設定することができる
- 少額減価償却資産の一括経費計上
- 特別償却・特別控除が適用できる

第8章　所得税の計算と確定申告

5 各種届出について知っておこう

事前の周到な届出がスムーズな申告につながる

● 税金関係の届出書類の種類

　個人で開業する場合、法人を設立して開業する場合、それぞれ、税務署への届出が必要です。事業形態によって提出書類が異なることがあるため、税務署に提出書類を確認することが大切です。

・個人で開業する場合

　個人で開業する場合の手続きは、法人と比較して非常に簡単にすみます。申告所得税についての主な届出は下図の通りです。

■ 個人が新たに事業を始めた時の申告所得税についての主な届出

税目	届出書	内容	提出期限
申告所得税	個人事業の開廃業等届出書	事業の開廃業や事務所等の移転があった場合	事業開始等の日から1か月以内
	所得税の青色申告承認申請書	青色申告の承認を受ける場合（青色申告の場合には各種の特典がある）	承認を受けようとする年の3月15日まで（その年の1月16日以後に開業した場合には、開業の日から2か月以内）
	青色事業専従者給与に関する届出書	青色事業専従者給与を必要経費に算入する場合	青色事業専従者給与額を必要経費に算入しようとする年の3月15日まで（その年の1月16日以後開業した場合や新たに事業専従者を使いだした場合には、その日から2か月以内）
	所得税の棚卸資産の評価方法・減価償却資産の償却方法の届出書	棚卸資産の評価方法及び減価償却資産の償却方法を選定する場合	開業した日の属する年分の確定申告期限まで

なお、その他の提出書類としては、従業員を雇い給与などを支払う場合の「給与支払事務所等の開設届出書」、源泉所得税の納付について、半年分をまとめて納付する特例を利用する場合の「源泉所得税の納期の特例の承認に関する申請書」があります。

・法人を設立して開業する場合

　株式会社など、法人を設立した場合、納税地（会社が存在する場所）の所轄税務署長に納税地・事業の目的・設立の日などを記載した法人設立届出書を提出します。その他提出が必要になる主な書類は下図の通りです。

■ 新たに会社を設立した場合に税務署に届出が必要になる主な書類…

提出書類	添付書類	提出期限
法人設立届出書	①設立時の貸借対照表 ②定款等の写し ③設立の登記の登記事項証明書（履歴事項全部証明書） ④株主等の名簿の写し ⑤設立趣意書　など	設立登記の日以後2か月以内
青色申告の承認申請書	なし	設立の日以後3か月を経過した日の前日と設立第1期の事業年度終了の日の前日のうち早い方
棚卸資産の評価方法の届出書	なし	普通法人を設立した場合は、設立第1期の確定申告書の提出期限まで
減価償却資産の償却方法の届出書	なし	普通法人を設立した場合は、設立第1期の確定申告書の提出期限まで

※　個人・法人問わず、国内において給与の支払事務を取り扱う事務所などを開設する場合には、事業所開設の日以後1か月以内に「給与支払事務所等の開設・移転・廃止届出書」を提出する。
　個人・法人問わず、給与の支給人員が常時10人未満である源泉徴収義務者で、納期の特例制度の適用を受けようとする源泉徴収義務者は「源泉所得税の納期の特例の承認に関する申請書」を提出する。

6 確定申告について知っておこう

青色申告決算書も作成する必要がある

◉ 確定申告とは

　所得税などを納税者が自ら計算して税額を確定し、税務署に申告することをいいます。確定申告は、毎年2月16日から3月15日の1か月間に所轄の税務署に対して行います。対象となるのは、前年の1月1日から12月31日までの1年間のすべての所得です。納税の場合の納付期限も確定申告期限の3月15日です。この期限までに申告・納付をしないときは、無申告加算税や延滞税といった罰金的な税金が課されます。もっとも、口座振替を利用すると引落しは4月中旬になり、この場合は利子税や延滞税は課税されません。

◉ 予定納税とは

　所得税は1月1日から12月31日までの1年間の所得にかかります。確定申告はその翌年の2月か3月頃に行われます。確定申告が終わらないと所得税額は確定しませんが、そのときまで待っていると、約1年間一切所得税を納めないことになります。

　その状況に対して、予定納税という制度があります。これは、税金がかかってくる年の7月と11月にもそれぞれ、前年の所得税の3分の1程度をあらかじめ納税してもらおうという制度です。残りの3分の1程度を、正確にその年の納税額を計算した上で、翌年3月頃の確定申告時に納税してもらうわけです。

　対象者は、その年の5月15日現在において確定している前年分の所得金額や税額などを基に計算した「予定納税基準額」が15万円以上の人が対象です。

「予定納税基準額」は、おおむね以下のようになります。
① 前年分の所得金額のうちに、山林所得、退職所得などの分離課税の所得や、譲渡所得、一時所得、雑所得、平均課税を受けた臨時所得の金額がない場合、前年分の申告納税額がそのまま「予定納税基準額」になります。
② 上記の①に該当しない人の場合は、前年分の課税総所得金額と、分離課税の上場株式等にかかる課税配当所得の金額とにかかってくる所得税額から、源泉徴収税額を引いた金額になります。

「予定納税基準額」が15万円以上になる人に対しては、所轄の税務署長からその年の6月15日までに文書で予定納税額が通知されます。なお、前年の所得は多くても、今年の所得が前年ほどは多くならない予定の人もいます。

その年の6月30日の状況で所得税の見積額が「予定納税基準額」よりも少なくなる人は、7月15日までに税務署に「予定納税額の減額申請書」を提出し、それが承認されれば、予定納税額は減額されます。

■ **所得税の確定申告の流れ** ……………………………………………

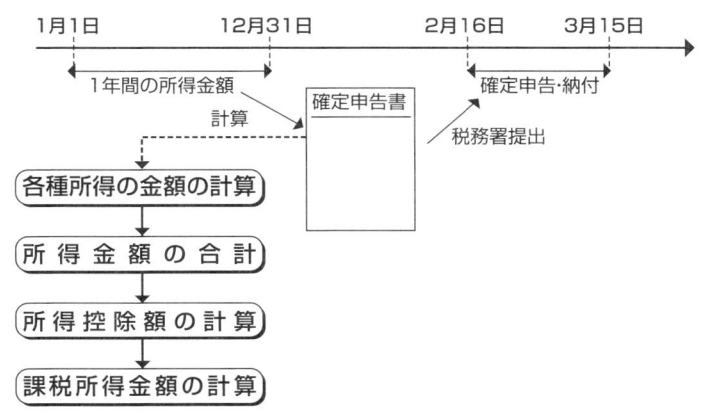

```
1月1日           12月31日        2月16日      3月15日
 ├──────────────────┤            ├──────────────┤
     1年間の所得金額                   確定申告・納付
                   計算  ┌──────┐
                         │確定申告書│
                         │      │← 税務署提出
                         └──────┘
  ┌──────────────┐
  │各種所得の金額の計算│
  └──────────────┘
  ┌──────────────┐
  │ 所 得 金 額 の 合 計 │
  └──────────────┘
  ┌──────────────┐
  │ 所 得 控 除 額 の 計 算 │
  └──────────────┘
  ┌──────────────┐
  │ 課税所得金額の計算 │
  └──────────────┘
```

（課税所得金額×税率）－税額控除額－（源泉徴収税額・予定納税額）
　　　　　　　　　　　　　　　　＝納付税額または還付税額

11月納税分の予定納税額だけの減額申請は、10月31日の状況で所得税額を見積り、11月15日までに税務署宛に減額申請を行います。

● 不動産所得の確定申告と提出書類

　アパート経営などによる不動産所得が年20万円を超えると、確定申告が必要となります。確定申告に際して税務署へ提出する書類には、決算書と申告書があります。決算書とは「青色申告決算書」を指します（事前に税務署に対し青色申告承認申請の届出をしていない場合は白色申告となり「収支内訳書」となります）。

　青色申告決算書とは、1年間の不動産収入から経費などを差し引いて、所得税計算の対象となる所得金額を算出した書類です。そして所得金額などから、納付すべき所得税額を計算する書類が「確定申告書」です。この確定申告書と青色申告決算書、後述する保険料等の控除証明書を添付して、税務署に提出します。不動産所得以外に給与所得もある場合は、給与所得の源泉徴収票も提出が必要です。

● 青色申告決算書作成上の注意点

　不動産所得用の青色申告決算書は、①損益計算書、②不動産所得の収入の内訳、③減価償却費の計算、④貸借対照表の4ページで構成されています。

　①損益計算書は、1年間の不動産事業による収入金額と必要経費などからその年の儲けを計算した、いわば不動産事業の成績表です。

　損益計算書では必要経費項目以外に、専従者給与と青色申告特別控除額を収入金額から差し引くことができます。専従者給与とは、事業主の家族で不動産賃貸の事業に携わっている者へ支払った給与です。ただし専従者給与として差し引くには、「青色専従者給与に関する届出書」を事前に税務署へ提出しておく必要があります。

　これらを差し引いた残りが損益計算書の所得金額となります。

②不動産所得の収入の内訳では、賃貸収入の詳細を記入します。賃貸用不動産がマンションであれば、部屋ごとに記入するのが原則です。また賃貸契約終了後に返還義務のある保証金や敷金なども記入します。その他、損益計算書で記載した従業員への給与賃金や専従者給与についても、その内訳を記入します。

　③減価償却費とは、年数の経過による資産価値の目減り分（減価）を費用として計上（償却）する考え方です。減価償却費の計算では、賃貸用の不動産について、取得価額や耐用年数、それらを基に算出した減価償却費や未償却残高などを記入します。

　減価償却費の計算では、地代家賃や金融機関以外からの借入金利子、税理士等への報酬といった項目の内訳も記入します。

　④貸借対照表は、不動産の賃貸事業に関連する資産と、それに伴う負債や事業主が投入した事業資金などを列挙した明細書です。あくまで事業に関係する項目のみが対象ですので、たとえば現金預金については、個人の現金預金と混在しないように管理しておかなければなりません。また資産としては賃貸用の不動産の期末時点での価額も記載します。負債としては、賃貸用不動産取得に際し借入れた金額の残高や、賃借人から預かっている敷金などがあります。

● 所得税の確定申告書作成上の注意点

　確定申告書には2種類あり、「申告書A」と「申告書B」があります。不動産事業を営む事業主は「申告書B」を用います。確定申告書は第1表と第2表で構成されており、第1表では該当する金額のみ記載し、第2表ではそれらの明細を記入します。作成にあたっては損益計算書に記入した不動産の収入金額や所得金額、専従者給与や青色申告特別控除額を確定申告書へ転記します。事業主が負担している国民年金や国民健康保険料、生命保険料の一定額も確定申告書において控除できます。その際は、控除証明書などの添付が必要です。また不動産所得

以外に給与所得がある場合は、源泉徴収票を基に給与所得の金額や源泉徴収された金額、社会保険料控除額などを確定申告書に転記し、源泉徴収票を添付します。これらの記入後、第1表で所得税の申告納税額を計算します。

● 法人税の確定申告とはどんなものか

　会社（法人）の利益に対する課税は、申告納税です。そのため、各事業年度終了の日の翌日から2か月以内に、所轄の税務署長などに対し、確定した決算に基づき、その事業年度の課税標準である所得金額または欠損金額、法人税法により計算した法人税額等を記載した確定申告書を提出しなければなりません。法人税額は、確定申告書の提出期限までに納付しなければならないことになっています。これが、法人税の確定申告納付です。

　なお、会社（法人）事業年度が6か月を超える場合には、その事業年度開始の日以降6か月を経過した日から2か月以内に中間申告をしなければなりません。ただし、「前事業年度の法人税の6／前事業年度の月数」の額が、10万円以下の場合は、中間申告は不要です。

■ 法人税の申告納税方法

法人税の確定申告納付	事業年度終了の日の翌日から2か月以内に申告納付
法人税の中間申告納付	前年実績による予定申告 　…前事業年度の法人税の6か月換算額を申告納付 仮決算による中間申告 　…事業年度開始の日から6か月間を1事業年度とみなして申告納付
修正申告納付	申告した法人税が少なかった場合に正しい税額を申告納付

7 所得税に付随する税金のことを知っておこう

いろいろな税金がかかってくる

◉ 住民税とは

　住民税には個人住民税と法人住民税の2つがあります。

　個人の住民税は道府県民税（東京都は都民税）と市町村民税（東京都23区は特別区民税）からなります。一般に住民税と呼んでいるものは、道府県民税と市町村民税を合わせたものです。

　個人住民税は、その年の1月1日現在の住所地で、前年の1月から12月までの1年間の所得に対して課税されます。

　個人住民税の主なものには「所得割」と「均等割」があります。所得割とは、所得に対して課税されるもので、一律10％（道府県民税4％、市町村民税6％）です。

　均等割とは、所得に関係なく均一に課税されるものです。標準税率は、道府県民税が1500円、市町村民税は3500円となっています（平成26年度から10年間）。

■ 個人住民税のしくみ

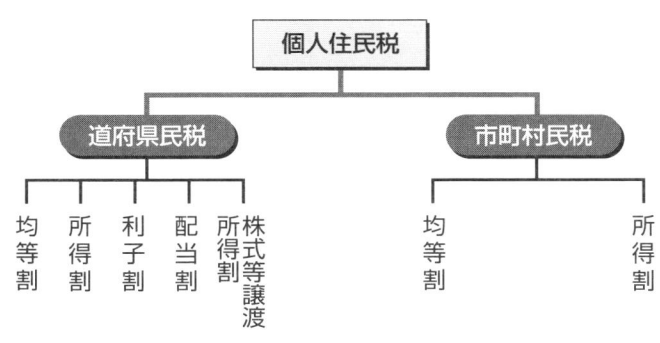

```
                    個人住民税
                   ／        ＼
              道府県民税      市町村民税
          ／／｜｜＼＼          ／  ＼
        均 所 利 配 株          均    所
        等 得 子 当 式          等    得
        割 割 割 割 等          割    割
                  譲
                  渡
                  所
                  得
                  割
```

第8章　所得税の計算と確定申告

◉ 個人事業税とは

　個人にしろ法人にしろ、事業を行っている場合に、地方税である事業税がかかってきます。

　個人事業税については、法律で定められた業種にのみ事業税がかかります。ただし、広範な業種が個人事業税の対象として指定されています。不動産貸付業も法定業種に入っており、個人事業税の対象です。税率は5％です。なお、駐車場業も法定業種で、税率は5％です。

　個人事業税には、事業主控除額が290万円あります。ただし、青色申告特別控除額は適用されません。所得が290万円超になると実際に個人事業税がかかることになります。

◉ その他納付が必要になる税金がある

　不動産賃貸業の場合は、賃貸用の土地・建物に固定資産税・都市計画税がかかってきます。4月、7月、12月、2月の年4回納付です。

　なお、土地や住宅を賃貸することに対する家賃には、消費税はかかりません。しかし、事業用の建物を賃貸する場合は、課税取引として扱われるため、消費税の納付が必要です。

　また、平成24年4月1日以後の事業年度から一定期間復興特別法人税がかかるようになりました。

■ 法人住民税のしくみ

法人住民税	道府県民税	均等割額	資本金・従業員数等に応じて課税
		法人税割額	法人税額を基礎として課税
		利子割額	預貯金の利子に5％課税（特別徴収）
	市町村民税	均等割額	資本金・従業員数等に応じて課税
		法人税割額	法人税額を基礎として課税

第9章

アパート・マンション経営をめぐるその他の税務知識

1 法人設立のメリットについて知っておこう

法人成りで節税対策を検討する

◉ アパート経営を法人形態で行う

　法人を設立し、アパート経営を法人形態で行うという方法もあります。いわゆる法人成りです。法人には、法人税、住民税、事業税が課せられます。事業規模が大きくなってきた場合、法人成りにより節税効果が得られることもあります。

　所得税は、累進課税方式であるため所得の額に応じて税率が変わります。一方、法人税は、一定の中小企業には軽減税率の特例がありますが、基本的に一律同じ税率です。また、所得税と比較して税率が低いのも法人成りを行うメリットの1つです。

　法人成りをした場合、設立した会社から役員報酬を受け取るという形をとります。事業の儲けには法人税率が適用され、社長自身は給与所得者となります。給与所得には給与所得控除という所得から控除される金額があるため、受け取った役員報酬からいくらか減額されたものに対して所得税が課税されることになります。なお、赤字が予想される場合で、他の所得があれば、所得税の損益通算（204ページ）により、法人成りしない方が節税となるケースもあります。

◉ どんな形態が考えられるのか

　法人とは、法律上の権利義務の主体となることができる資格のことです。簡単に言うと、取引の当事者となることができる資格ということです。法人と言っても、様々な形態があります。代表格は会社です。

　会社とは、営利を目的する団体で、法律によって独立した権利義務の主体として認められる法人です。特に、株式会社は営利追求という

目的を実現するためのシステムだということができます。

　株式会社では、株主総会と取締役という機関が基本となります。会社の債権者は、会社の借金を会社に請求できるだけであり、経営者に請求することはできません。ただ、経営者が1人しかいない小さな会社の場合、融資や取引にあたって経営者が会社の借金を保証するのが一般的です。株式会社の株主は、株式を自由に譲渡することができますが、多くの株式会社は定款（会社の根本規則）で株式の譲渡を制限しています（このような会社を非公開会社といいます）。

　合同会社は、対外的には株式会社と同様の取扱いがなされますが、対内的には民法上の組合に類似する会社です。もともと株式会社はある程度大規模な組織が株式会社として活動をしていくことが想定されているため、様々な規則や制限などが設けられていますが、合同会社の場合には株式会社ほどの規則や制限は定められていません。また、設立費用も株式会社に比べると安くすむというメリットがあります。

　会社形態としては、他にも合資会社と合名会社がありますが、会社を設立する場合には、株式会社が合同会社のどちらかを検討することになるのが通常です。開業当初から十分な賃貸収入を見込めるような場合で、将来的に事業拡大も考えられるようなケースでは、当初から株式会社での開業を検討することになるでしょう。

● 設立手続きの流れ

　株式会社や合同会社を設立するためには、一定の人とお金を集め、団体としての会社の実体を作り、登記をすることが必要です。団体としての会社の実体は、定款（会社や法人の根本規則）作成、出資者の確定、機関の具備、会社財産の形成などによってできあがります。つまり、組織の根本規則、お金を出す人、会社を運営する人を決めて会社の財産を実際に確保しなければなりません。

　定款に掲げられた設立の目的に賛成した人が出資者となり、その資

金を使って、取締役や理事などの組織の運営者が、その目的達成のために活動するのです。そして、最後に設立登記（会社の設立を多くの人に知らせる公示手段）が必要となります。設立登記は法律で定められた要件を充たせば当然にできます。

◉ 法人を設立する際の注意点

　設立された法人は、独立した存在となります。社長から見れば私財を投じて作った自分のものであるという印象をもってしまいがちですが、法人名義の資産を私物化することはできません。反対に個人の所有資産を事業へ投じる場合もあるかもしれませんが、このような会社と個人との間で財産を融通し合う行為には注意が必要です。これらの行為は会社への寄付や社長への報酬と判断され、思わぬ所に課税されてしまうこともあるからです。また、帳簿などに用途を明記せず金銭や資産を持ち出した場合、経費として認められない上に40％上乗せ課税されてしまいます。会社と個人の間ではお金の動きにきちんと線引きする必要があるということを認識しておく必要があります。

　法人成りした場合、社長の役員報酬をいくらに設定するのかということも、節税対策の重要なポイントとなってきます。役員報酬の支給額によって、法人税が課税される儲けの部分に影響がでるため、当然

■ **株式会社の設立と登記申請手続き**

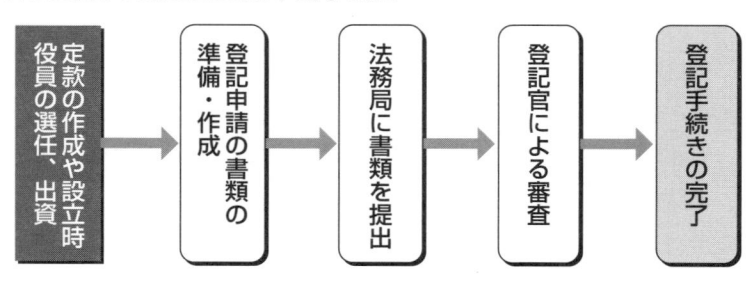

定款の作成や設立時役員の選任、出資 → 登記申請の書類の準備・作成 → 法務局に書類を提出 → 登記官による審査 → 登記手続きの完了

ながら税の負担も変わってくるからです。支給額を決める判断材料として、過去の実績などを参考に1年間の収入や経費などをシミュレーションしてみる必要があります。

中には「設立当初はしばらく様子を見て、決算のメドがついてから後で報酬を決めよう」などと考える人もいるかもしれませんが、法人の場合、時期を遡って都合のよい金額を決めることはできません。役員報酬として認められる支給方法には法人税法上の制約があるからです。経費に算入できる役員報酬は、「定期同額給与」と「事前確定届出給与」に該当する場合のみです（他にも「利益変動給与」がありますが、小規模な法人である同族会社の役員には支給できません）。これら以外の役員報酬を支給した場合は、「損金不算入」といって、税務上は経費として認められず、その年の儲けに加算して税金が課せられることになります。

定期同額給与とは、たとえば月給制で毎月固定した金額を支給する場合など、1か月以下の一定期間ごとに、同じ金額を支給する給与をいいます。定期同額給与の金額を変更できるのは、期首から3か月以内に一度だけです。つまり期首から3か月以内に支給額を決める必要があるということです。ただし、社長交代など役員の職制上の地位変更や、業績悪化による金額の改定については例外として認められています。ちなみに、無利息や低率での金銭の貸付けや、低い家賃で住居を提供するなど、金銭以外の「現物給与」での支給も、月額がおおむね一定であれば定期同額給与として認められています。

事前確定届出給与とは、事前に届け出た額を支給する給与をいいます。賞与などを支給する場合がこれに該当します。事前確定届出給与は、株主総会等で支給額を決議してから1か月以内に届出が必要です。

以上が税法で認められている役員報酬ですが、これらの条件をクリアしたとしても、不相応に高額な報酬であれば認められない場合もあります。また、法人を設立する場合、登記費用、実印の作成、司法書

士手数料など多少の費用と手間がかかります。資本金を1000万円以上に設定してしまうと強制的に消費税の課税事業者となってしまいます。設立時には、この点にも注意して検討する必要があるでしょう。

● 相続税対策のための法人設立はどうなる

　アパートやマンションのオーナーにとって、相続は重要な関心ごとの1つといえるでしょう。不動産は相続時の評価額に対して課税されますので、思いがけず高額の相続税がかかってくることもあります。法人を設立した場合、不動産の所有者は「会社」ということになるわけですが、相続税はどうなるのでしょうか。

　法人の場合、会社の株式を相続することになります。株式も財産ですから、不動産と同様に相続税法上の評価額を計算します。この評価方法については、実は会社の個人財産を相続した場合の評価方法とおおむね同じです。たとえば評価額5000万円の不動産があるとします。会社が所有している場合、会社の株式全体の評価額はざっくりと言うと5000万円ということになります。株価は一株単位で計算しますので、1000株発行していたとすると、一株あたり5000万円÷1000株＝5万円という評価額になります。ただし厳密には、会社の規模や保有資産の内容などで計算方法が異なりますので、この事例はあくまで参考という程度に留めておいて下さい。

　このように、法人設立では相続財産の評価が大きく変わるわけではありませんが、不動産が株式に変わることで、相続財産の分割や次世代への移転が容易になるということがいえるかもしれません。

　また、子に役職を与えて役員報酬を支給するというのも1つの手段といえます。報酬として支給する現金には贈与税はかかりませんので、生前贈与を円滑に行うことが可能になります。これを応用させた法人の活用法として、不動産管理会社を設立するという方法があります。相続人となる子供などの出資で、不動産のメンテナンスや家賃の回収

などの雑用を行う名目の会社を設立します。オーナーは不動産で得た収入から、管理会社へ管理費を支払います。これにより、収入が分散され、オーナーの相続財産の増加を抑制すると共に、相続税の納税資金を確保することができます。法人を設立することにより、オーナー1人に集中していた財産を、合理的に分散させることが可能になるというわけです。

● 法人設立のデメリット

一方、法人設立のデメリットとしては、以下の点があります。

後ほど紹介する管理委託方式（230ページ）と違い、個人が所有していたアパートやマンションを法人の所有にするため、個人に対しては、不動産の譲渡に伴う譲渡所得税が発生する場合があります。また、法人に対しては、不動産の取得に伴う不動産所得税が発生します。そればかりか、法人となると社会保険の加入義務が生じます。

このように、法人設立は相続税の対策となる一方で、他の税等が生じますので、慎重に検討しなければなりません。

■ 法人設立のメリット

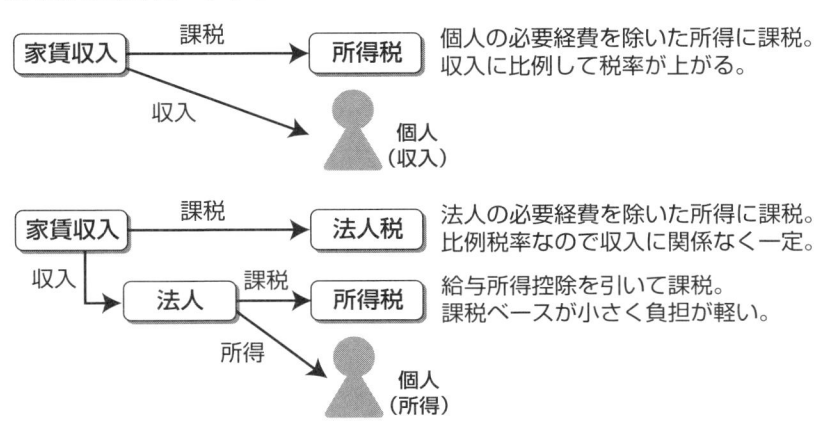

家賃収入 →（課税）→ 所得税　個人の必要経費を除いた所得に課税。収入に比例して税率が上がる。
家賃収入 →（収入）→ 個人（収入）

家賃収入 →（課税）→ 法人税　法人の必要経費を除いた所得に課税。比例税率なので収入に関係なく一定。
家賃収入 →（収入）→ 法人 →（課税）→ 所得税　給与所得控除を引いて課税。課税ベースが小さく負担が軽い。
法人 →（所得）→ 個人（所得）

2 アパート・マンション経営における法人課税について知っておこう

どんなメリットがあるのかを把握してから活用を検討する

● 管理委託方式のしくみと活用する場合のポイント

　管理委託方式とは、家賃の収納代行や補修などの「管理」を行う会社を設立して管理を行う方法です。後述するサブリースとの違いは、貸主と入居者との間で直接賃貸借契約が結ばれることです。つまり入居者の家賃は貸主の収入となります。貸主は、231ページ図のように、家賃収入から管理会社に対して管理費を支払います。管理会社は、管理費収入から貸主へ給与を支払います。

　整理すると、家賃収入と管理会社からの給与が貸主の収入ということになります。家賃収入については、これまで通り不動産所得として計算します。ただし新たな費用として管理費を支払った分、不動産所得は少なくなります。したがって管理費の設定金額次第で、税金の負担は変わってきます。金額は自由に決めることはできますが、客観的に見て業務に釣り合わないような金額は避けるべきです。

　管理委託方式の注意点としては、管理会社と貸主の業務内容をきちんと線引きし、あいまいにならないようにするということです。貸主と管理会社の社員という２つの立場があるため、お金や帳簿、書類も別に管理する必要があります。また、管理業務を委託されている事実を明らかにするために、貸主と管理会社との間で契約書を作成しておく必要があります。さらに、委託された業務を遂行した事実を確認できるものとして、日々の業務に関する業務日誌や作業リストなどを作成しておくとよいでしょう。

◉ サブリースはどんなしくみになっているのか

　テレビのCMなどで「30年一括で借り上げる」などの謳い文句を見かけたことはないでしょうか。

　これはサブリースと呼ばれているもので、不動産管理業者が賃貸物件を長期間一括で借り上げし、転貸することです。一括で借り入れてもらえるので、入居者募集や管理の手間が省けますし、万が一空室が出てしまってもサブリース料（不動産管理会社から賃貸人に支払われる金銭）を受け取ることができます。

　ただ、サブリースにもデメリットがあります。たとえば、サブリースの契約を締結してから数か月間は、賃貸人にサブリース料が支払われないという免除期間が設定されていることがあります。また、契約更新時には賃貸状況にあわせてサブリース料を改定する業者もあるため、減額改定されると、賃貸人の収入が減少することになります。さらに、サブリース契約の契約内容によっては、「リフォーム費用は賃貸人が負担しなければならない」「月額家賃の10％程度を管理報酬として不動産管理業者に支払わなければならない」など、賃貸人の金銭的な出費が増えることもあります。

■ 管理委託方式

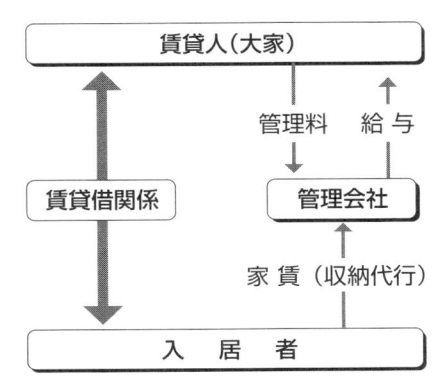

```
         賃貸人（大家）
          ↑↓     ↑
        管理料   給与
          ↓     ↑
  賃貸借関係  管理会社
          ↑
         家賃（収納代行）
          ↓
         入 居 者
```

・賃貸人は家賃を受け取ることができるが、管理会社が家賃収納代行などの管理を行うことができる

・賃貸人は管理の対価として「管理料」を管理会社に支払う。管理料が管理会社の収益

・管理会社の収益を、賃貸人への「給与」として還元

第9章　アパート・マンション経営をめぐるその他の税務知識

サブリースについては、将来的に当初見込んだ通りのサブリース料が得られるとは限らないことを踏まえて、活用を検討するのがよいでしょう。

● サブリースのリスクと税務上の問題

サブリースの場合、保証会社は管理料や保証料という名目で満室時家賃の10～20％を差し引くことになります。

つまり、賃貸人の立場からすると、たとえば家賃が10万円に設定されている物件であっても実際に受け取ることができる契約家賃は8～9万円になり、保証会社に対しては保証料を支払わなければなりません。契約物件が都心エリアにある場合や、築浅物件であれば空室のリスクが少ない優良物件であるということになりますので、サブリースではなく直接賃貸した方がよい場合もあります。

また、建物のオーナー（賃貸人）である個人が、「サブリース法人」を設立するという方法もあります。この場合、まずオーナーから法人へ不動産を賃貸し、入居者はこの法人と賃貸契約を交わすことになります。サブリース契約の場合、管理料も法人の収入となるため、オーナーが不利になることはありません。法人化することにより個人経営と比べて結果的に建物のオーナー（賃貸人）にとって節税となることがありますが、管理会社としての実態がないと場合によっては脱税と判断されてしまう危険があります。契約書など、実態を示す書類もきっちり準備しておくと共に、オーナーが受け取るサブリース料、管理料、役員報酬といった項目について相場を調べ、税務調査に対応できるように準備しておかなければなりません。

● 倒産した場合の対処や解約が難しい

サブリース契約はたとえ空室が出ても契約家賃が支払われるというメリットがありますが、保証会社も民間企業ですので、倒産するおそ

れがあります。万が一保証会社が倒産してしまうと契約家賃を支払ってもらえない上に、入居者から預かった敷金が戻ってこなくなってしまいます。

また、賃貸人の都合でサブリース契約を解除する場合には違約金を支払わなければならないこともあります。「保証会社にきちんと対応してもらえなかった」という理由であっても賃貸人側の都合で契約を解除したことになります。

違う保証会社を見つけようとしても別の保証会社が見つかるとは限りません。当初のサブリース契約時には新築であっても、解約して違う業者に依頼する際には条件が変わっていることもありますので、保証会社を選択する際には十分に比較検討する必要があります。

◉ 家賃の見直しをめぐるトラブルがある

順調に契約家賃が入り、ローン返済も終了し、家賃収入がそのまま安定するかと思われた矢先に、賃料相場の下落が起きてしまったということも当然に起こり得ます。契約書には「30年一括借り上げ」と

■ サブリースのしくみ

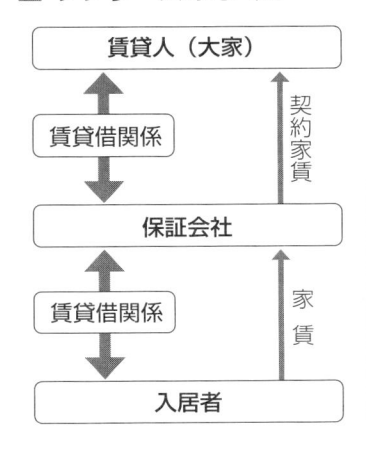

```
賃貸人（大家）
  ↑↓           ↑
賃貸借関係      契約家賃
  ↑↓           
保証会社
  ↑↓           ↑
賃貸借関係      家賃
  ↑↓
入居者
```

・保証会社は、建物全体を一括して賃貸人から借り、入居者に転貸（又貸し）する
・入居者から家賃を得ながら、賃貸人に契約で定められた「契約家賃」を支払う
・空室や家賃滞納があっても、賃貸人には「契約家賃」が確実に入る

なっていても、多くの業者ではサブリース契約は通常2〜3年ごとに更新され、そのつど家賃の見直しなど、条件の変更をしなければなりません。

景気の悪化や契約物件の老朽化によりサブリースの保証賃料が相場より下がりだすとサブリース会社から賃料の値下げを請求されることがありますので、注意が必要です。

● 不動産所有方式のしくみと活用する場合のポイント

不動産所有方式とは、不動産そのものを法人の所有にして、収入から管理まですべてを法人経営で行うことをいいます。つまり入居者と賃貸借契約を結ぶ貸主は法人で、元の貸主は社員として法人から給与を受け取るという形態になります。したがって、給与の設定金額により、税金の負担も変わってくることになります。

不動産所有方式の場合、所有者を法人に変更するときには少し注意が必要です。個人と新たに設立した法人とは独立した存在であるため、ただ名義を変更するだけでは、法人へ「無償で譲渡した」ということになり、課税されてしまうからです。そこで、持ち主である個人は、不動産に見合った価格での売却という手続きを踏んで、法人へ登記を移す必要があります。

土地と建物がある場合は、たとえば土地は貸主のもので、建物は法人のもの、など所有者を分けて活用する方法もあります。土地は売却時の含み益が大きくなってしまう場合もありますが、建物は年数の経過と共に価値が減少するため、購入資金も比較的少なく済みます。ただし、土地の所有者は個人のままであるため、法人は個人から「借地権」（土地を借りる権利）を取得したことになります。無償で借地権を取得したとすると、当然ながら課税されることになりますが、一定の手続きにより、このような権利金の認定課税を回避することが可能です。

3 消費税の基本的なしくみについて知っておこう

消費税の計算方法を把握しておく

● 消費税とはどんな税金か

　消費税とは、「消費をする」という行為に税を負担する能力を認め、課される税金です。「消費をする」とは、「物を購入する」「賃貸する」「情報などのサービスを受ける」などの行為をいいます。税を負担するのは法人・個人に関わらず消費行為をした消費者です。税金は、消費者から商品やサービスの代金と一緒に徴収されます。

　消費者から商品やサービスの代金と一緒に徴収された消費税ですが、実際には誰が納付するのでしょうか。実は税金を徴収した店や会社が納付することになります。このような、税の負担者が直接納付せず、負担者以外の者が納付するしくみの税金を間接税といいます。

　また、消費税の税率は、平成26年4月以降は8％（国税6.3％、地方税1.7％）です。平成27年10月以降は10％（国税7.8％、地方税2.2％）に引き上げられる予定です。

　事業を営む店や会社など（事業者）は消費税を納める義務を負うということになりますが、すべての事業者がこれに該当するわけではありません。一定の小規模事業者に対しては、申告業務の煩雑さを考慮して、消費税の納税義務が免除される特例があります。特例を適用するためには、前々年度（基準期間）の課税売上高が1000万円以下という判定基準をクリアする必要があります。この基準を満たす個人や法人の事業者（免税事業者）は、消費税を納める義務が免除されます。

　ただし、この特例には例外があります。まず、設立2年以内の法人（新設法人）ですが、基準期間がありませんので判定基準はクリアしているといえます。しかし期首の資本金額が1000万円を超える場合に

は、納税義務の免除は認められません。なお、平成25年度の税制改正により、平成26年4月1日以降設立される法人については、課税売上高5億超の法人等に支配されている場合などについても納税義務が免除されません。

次に、特定期間における課税売上高が1000万円を超える個人や法人の事業者ですが、この場合も納税義務は免除されません。特定期間とは、簡単にいうと前年度開始から6か月間をいいます。ただし、特定期間における課税売上高にかえて、給与等の支払金額で納税義務の判定をすることができます。

● 非課税取引とは

消費税の課税対象となる取引のうち、その性格上課税することが適当でない、もしくは医療や福祉、教育など社会政策的な観点から課税すべきではないという理由により消費税が課されない取引があります。

■ 消費税のしくみ

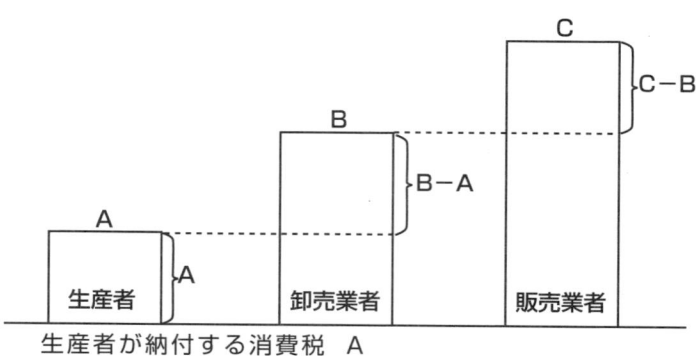

```
生産者が納付する消費税         A
卸売業者が納付する消費税        B－A
販売業者が納付する消費税        C－B
納付される消費税の合計        ＝A＋(B－A)＋(C－B)
                            ＝C
                            ＝最終消費者が負担する消費税
```

本来は課税取引に分類される取引ですが、特別に限定列挙して課税しないという取引です。これを非課税取引といいます。不動産業に関係する取引の場合、土地の譲渡、貸付、住宅の貸付は消費税の性格上課税することが適当でないものとして非課税取引とされています。

● 不動産賃貸ではどんな金銭に消費税がかかるのか

　不動産賃貸業に関係する収入では、建物の譲渡、事務所や店舗など事業用物件の貸付や駐車場の貸付などが、消費税が課税される取引として考えられます。

　一方、経費や支出では、修繕費、管理費、広告宣伝費、消耗品費、水道光熱費、通信費、交際費、建物の建築費用などが課税される取引としてあげられます。ただし、これらの中にも場合によっては非課税となるものもあるため、ひとまとめに断定することはできません。たとえば交際費の場合、祝金や香典などは非課税となります。このよう

■ 非課税取引

非課税取引

税の性格から課税することになじまないもの
- 土地の譲渡及び貸付け
- 有価証券、支払手段の譲渡
- 金融取引、保険料など
- 郵便切手類、印紙、証紙の譲渡
- 物品切手等の譲渡
- 行政手数料
- 国際郵便為替

社会政策的な配慮に基づくもの
- 社会保険医療に係る診療報酬など
- 社会福祉事業に係る資産の譲渡等
- 助産に係る資産の譲渡等
- 埋葬料、火葬料
- 身体障害者用物品の譲渡
- 教育に係る役務の提供
- 教科用図書の譲渡
- 住宅の貸付け

な消費税が課税されない費用や支出の例としては、租税公課、公共サービスの手数料、減価償却費、保険料、借入利子、給与などがあげられます。

● 原則課税方式と簡易課税方式

　消費税の計算方法には、「原則課税方式」と、概算で簡略に計算する「簡易課税方式」の2つの方法があります。

　「原則課税方式」では、事業者が納付する消費税額は、課税期間中に預かった消費税から事業者が負担した消費税を差し引いて計算します。売上に含まれる消費税と仕入や経費に含まれる消費税をそれぞれ算出しますが、このとき非課税取引を行うために使った仕入や経費に含まれる消費税は除外して計算します。

　「簡易課税方式」も基本的に同様ですが、負担した消費税額を課税売上からみなし仕入率という原価率を利用して概算で納付税額を計算します。みなし仕入率は業種ごとに定められており、不動産業のみなし仕入率は売上の50％です（ただし、平成26年度税制改正により、平成27年4月からは40％に引き下げられる予定です）。

■ 簡易課税制度が適用される条件

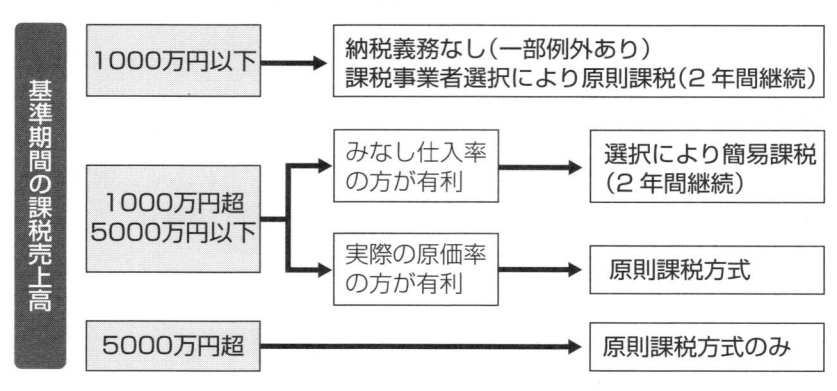

基準期間の課税売上高	条件	判定	課税方式
	1000万円以下	→	納税義務なし（一部例外あり） 課税事業者選択により原則課税（2年間継続）
	1000万円超 5000万円以下	みなし仕入率の方が有利	選択により簡易課税 （2年間継続）
		実際の原価率の方が有利	原則課税方式
	5000万円超	→	原則課税方式のみ

原則課税方式の場合、仕入や経費についても課税取引か否かの判定が必要ですが、簡易課税方式では売上のみ注目をすればよいので、計算の手間がかなり簡略化できます。ただし、たとえば増改築や大規模修繕など多額の設備投資を行ったなどの理由により、負担した消費税が預かった消費税を上回る場合、原則課税方式を採らなければ消費税は還付されません。

　簡易課税制度は、「基準期間における課税売上高」が5000万円以下である事業者が選択することで適用されます。個人経営のような形でアパート経営を行う場合には、簡易課税方式で計算した方が事務負担を減らすことができるということができます。

　また、一度選択すると2年間継続して適用されます。

■ 原則課税と簡易課税の計算方法

●原則課税方式

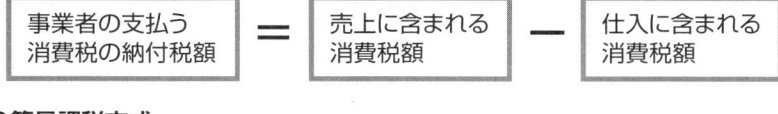

　　事業者の支払う消費税の納付税額 ＝ 売上に含まれる消費税額 － 仕入に含まれる消費税額

●簡易課税方式

　　事業者の支払う消費税の納付税額 ＝ 売上に含まれる消費税額 × みなし仕入率

※簡易課税方式は基準期間における課税売上高が5000万円以下の事業者が対象
　業種ごとの「みなし仕入率」の割合は以下の通り
　第1種事業(卸売業)：90%　第2種事業(小売業)：80%　第3種事業(製造業等)：70%
　第4種事業(その他の事業)：60%　第5種事業(サービス業等)：50%

※平成26年度税制改正
　平成27年4月1日より、従来、第4種事業の「その他の事業」とされていた「金融業・保険業」が、「第5種事業(金融業・保険業・サービス業等)：50%」となります。
　また、「第6種事業(不動産業)：40%」が新設されます。

4 アパート・マンション経営では消費税の還付を活用しよう

消費税が還付される場合がある

● 消費税の還付

　アパート・マンション経営を行う者には消費税の申告も関係してきます。事業者の前々年の課税売上高が1000万円を超えると、あるいは前年期首から6か月（個人の場合は1月1日から6月30日）の課税売上高が1000万円を超えると、一部の例外を除き（236ページ）、消費税の申告義務があります。ただし、家賃収入は消費税が非課税のため、申告義務が生じないケースの方が多いようです。申告義務がない場合でも、消費税が還付される場合があります。しかし、いきなり申告書を提出するだけでは、還付を受けることはできません。申告義務がない「免税事業者」の場合、事前に「消費税課税事業者届出書」を税務署に提出し、消費税の課税事業者になっておく必要があります。提出期限は、その還付を受けたい年度の前年度中です。ただし、いったん課税事業者となった場合、2年間継続適用されるため、届出を出す前に翌年度、翌々年度までシミュレーションを行うなど、慎重に検討する必要があります。

　また、増改築や修繕が多かったとしても、すべての課税事業者が還付を受けられるわけではありません。消費税の計算方法には実は大きく分けて原則課税方式と簡易課税方式という2つの方法があります。

　簡易課税方式は、収入にみなし仕入率という業種ごとに決められた原価率を掛けて計算するという、非常に簡便な計算方法です。届出を適正に行った一定の事業者に適用されます。しかし、収入金額を基本にしてみなし仕入率を掛ける計算方法であるため、本業以外の臨時的な支出は反映されず、また、申告すべき消費税がマイナスになるとい

うことは通常ありません。

したがって、この方式を選択している場合は改築や大規模修繕などの臨時的な支出による還付を受けることはできません。簡易課税方式は、いったん選択すると2年間は継続適用となるため、翌年の予定も検討してから選択しましょう。

● 建物取得にかかった消費税の還付

消費税が還付される例として、賃貸アパートを建築した初年度の設定で見ていきましょう。甲氏は、賃貸用アパートを建築し、6月から1階を店舗、2、3階を居住用として3室貸し出すことにしました。事業を開始した初年度であるため免税事業者でしたが、税務署へ適正に届出を行って課税事業者を選択しています。今年度の収入、支出は以下の通りです。なお、説明を簡略化するため、ここでは地方消費税を含めて8％の税率で表示しています。

・収入
　店舗　月額20万円×6月＝120万円（別途消費税9万6000円）
　家賃　月額15万円×6月×2室＝180万円（非課税）
・支出
　建築費
　店舗部分　　2000万円（別途消費税160万円）
　居住用部分　4000万円（別途消費税320万円）

まず消費税の計算方法を簡単に説明します。消費税は消費者から預かった税金から、事業者が負担した税金を差し引いた残額を納めるしくみになっています。ただし負担した税金（仕入税額）のうち、非課税売上に対応する部分は差し引くことができませんので、課税売上に対応する仕入税額（控除仕入税額）を一定の計算方法で算出します。

この控除仕入税額を算出する方法には、仕入税額を売上目的別にあらかじめ分類しておく「個別対応方式」と、仕入税額全体を「課税売上割合」（課税売上と非課税売上の合計のうち課税売上の占める割合）で按分する「一括比例配分方式」との2種類があります。

　まず、個別対応方式の場合で計算してみましょう。241ページの具体例では建築費が店舗にかかった部分と家賃にかかった部分に分類されています。家賃は非課税売上であるため、店舗にかかった部分のみが課税売上にかかった建築費ということになります。したがって、控除できる消費税額は160万円であるため、甲氏が納めるべき税金は9万6000 − 160万 = △150万4000となります。

　このように負担した税金が預かった税金より多く、マイナスになる場合は、国から税金の還付を受けます。よって個別対応方式で計算した場合、消費税は150万4000円の還付という結果になります。

　次に、一括比例配分方式の場合、仕入税額全体に課税売上割合120万 ÷（120万 + 180万）= 40％を掛けて計算します（課税売上割合は税抜で計算します）。消費税額は9万6000 −（160万 + 320万）× 40％ = △182万4000となり、182万4000円が還付されます。

　具体例は簡略化しており、実際の消費税はもう少し複雑な計算となりますが、このように個別対応方式と一括比例配分方式とでは還付税額も異なった結果になります。一般的には、非課税の収入に対応する経費が多い場合、一括比例配分方式を選択する方が有利となる場合が多いようです。一括比例配分方式の選択には、特に届出などは必要ありませんが、いったん選択すると2年間継続適用となります。

◉ 課税売上の割合が95％以上の場合

　課税売上の割合が95％以上であれば、一定の要件を満たす場合を除き、経費にかかった消費税はすべて控除されます。アパートを建築した初年度の例を見ると、以下のようになります。

- 収入
  店舗　月額20万円×6月＝120万円（別途消費税9万6000円）
  家賃　月額6万円×1月＝6万円
- 支出
  建築費
  店舗部分　　2000万円（別途消費税160万円）
  居住用部分　4000万円（別途消費税320万円）

　課税売上割合は、120万÷（120万＋6万）＝95.23…％≧95％となるため、建築費にかかった消費税が全部控除されます。したがって消費税の計算は、9万6000－（160万＋320万）＝△470万4000円となり、470万4000円が還付されることになります。

　家賃収入がある場合、通常であれば課税売上割合は低くなりますが、事業開始初年度では、事例のように店舗や駐車場収入の割合が多いなど、収入の形態がイレギュラーなケースがあるかもしれません。課税売上割合が95％以上の場合、支出や費用にかかる消費税は全額控除されるので、還付を受ける場合、納税者に有利な計算となります。

　ただし、この全額控除の制度は、平成23年度の税制改正により、課税売上高が5億円を超える事業者については適用されなくなりました。

■ ケースで見る消費税の還付

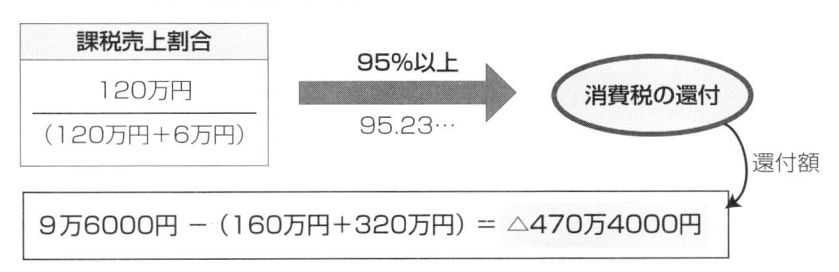

課税売上割合
$$\frac{120万円}{(120万円＋6万円)} = 95.23\cdots$$

95％以上　→　消費税の還付

9万6000円－（160万円＋320万円）＝△470万4000円　　還付額

第9章　アパート・マンション経営をめぐるその他の税務知識

5 相続税対策にはどんな手段があるのか

事前の計画的な相続税対策が非常に重要である

◉ 相続税対策はどうする

　一番重要なことは、事前に計画的な対策をとることです。相続が開始されてから対策を考えるのでは遅すぎるということです。基本的な相続税対策としては、①課税財産（プラスの財産）を少なくする、②マイナスの財産（借入金）を増やす、③法定相続人を増やして基礎控除額を増やす、④税額控除や特例を活用することが挙げられます。

① 　課税財産（プラスの財産）を少なくする

　これを実現するためには、生前贈与を活用することと、評価の低い財産に換えることが考えられます。

　生前贈与とは、相続が発生する前に（被相続人が生きているうちに）相続人になると予定される者に財産を移すことです。

　生前贈与には相続税の減税対策としての効果があります。

　節税のポイントは、贈与税の負担をいかに抑えて財産を移転するかにあります。その基本は、年間1人あたり110万円の贈与税の基礎控除の積極活用です。

　ただし、生前贈与を使った節税策には注意も必要です。たとえば、毎年決まった時期に基礎控除以下の同じ金額を贈与し続ける場合です。このような贈与は、最初から毎年の贈与金額の合計額を一括して贈与するつもりだと税務署からみなされてしまう恐れがあります。そう判断されると、多額の贈与税が課されてしまいます。

　また、贈与を行った場合、税務上、実質的に贈与があったかどうかが問題とされることが多くあります。そこで、贈与の事実を明らかにするために贈与契約書を作成し、客観的に見ても贈与の事実があった

と認められる状況を作るようにします。

評価の低い財産に換えるとは、たとえば、現金で1億円もっている場合に、現金で保有するのではなく、生前に土地を買っておくという方法です。土地に換えることによって、評価額が下がるため相続税が安くなります。同じ土地でも、更地でもっているよりアパートを建てた方が、さらに評価額は下がり、相続税は安くなります。

② マイナスの財産（借入金）を増やす

これはアパートを建てる際に借金などをしてマイナスの財産を増やすといった方法です。借金は遺産から差し引かれるからです。借金をしても、そのお金を現金で持っているのであれば財産の減少になりませんので、評価額を下げる資産にそれを換えることにより、さらなる節税効果を発揮することができます。

③ 法定相続人を増やす

相続税の基礎控除額は法定相続人が1人増えるごとに600万円（平成27年1月1日以後の相続の場合）増えます。法定相続人が多くなるほど基礎控除額が増え、課税される遺産額はその分少なくなります。

法定相続人を増やす方法として、普通行われているのは、被相続人が生きている間に行われる養子縁組です。

■ 相続税対策のポイント

課税財産（プラス財産）を少なくする	・生前贈与して財産を減らす ・所有財産の評価額を下げる
マイナス財産（借入金）を増やす	・返済可能な借金を作る
法定相続人を増やす	・養子縁組により相続人を増やす
税額控除や特例の活用	・配偶者の税額軽減を利用する ・小規模宅地等の評価の特例

6 不動産を使った相続対策にはどんなものがあるのか

所有している土地にマンションを建てると節税できる

● アパート・マンション経営で節税が可能

　ある程度の広さの土地を持っている人が相続税対策として、土地にアパート・マンションを建てて、節税を行っているという話をよく聞きます。これはどのようなしくみで節税になっているのでしょうか。

　土地に対する相続税や贈与税は、路線価を基に評価した評価額にかかってきます。路線価は、道路に面する標準的な宅地の1㎡あたりの価格で、国税庁が定めています。

　土地の評価額は、「路線価」をその土地の形状等に応じた「奥行価格補正率」などの「補正率」で補正したものに、その土地の「面積」を掛けることで計算されます。補正がないのであれば、「路線価」×「面積」となります（奥行補正の計算例については、247ページ図参照）。

　今、仮に実際に土地を売買するときに市場で決まる実勢価格が、1億円の土地を持っているとしましょう。路線価は実勢価格や公示価格よりも低く設定されています。今、その土地の路線価に基づく評価額が、実勢価格の80％である8000万円だとしましょう。

　相続税の計算上、この土地の財産としての価額は8000万円です。その額に税率を掛けたものが相続税額になってきます。

　土地が更地のままだと、この8000万円にそのまま相続税がかかってきます。しかし、この土地にマンションを建てて賃貸マンションにすると、評価額が8000万円より少なくなります。なぜならその土地が「貸家建付地」になるからです。

　「貸家建付地」というのは、所有する土地の上に建物を建てて人に貸しているような土地のことをいいます。貸家建付地にすると、土地

の評価額が下がるのです。

貸家建付地の評価額の具体的な計算式は次のようになります。

> 「貸家建付地の価額」＝「自分でその土地を使用した場合の価額」
> ×｛1－「借地権割合」×「借家権割合」×「賃貸割合」｝

この式で、「借地権割合」と「借家権割合」は、地域により異なります。路線価図や評価倍率表で確認できます。

「賃貸割合」は、マンションの住居部分のうち実際に賃貸されている割合です。各住居の床面積を基に数値を計算します。たとえば、マンションの住居部分が同じ広さの20件の住居に分かれていて（各賃貸用住居の床面積割合は5％）、そのうち実際に賃貸されていたのが18件だったとすると、賃貸割合は90％、つまり0.9になります。

今、この土地の借地権割合が60％、借家権割合が30％とします。賃貸割合は90％とします。その場合には、0.6×0.3×0.9＝0.162の割合だけ、土地の評価額が下がることになります。つまり、約16％減額されるということです。前述の例を使って計算した場合、元の評価額である8000万円が6704万円に下がります。評価額が約1300万円下がったことになります。

■ 奥行補正計算例（普通住宅地区）

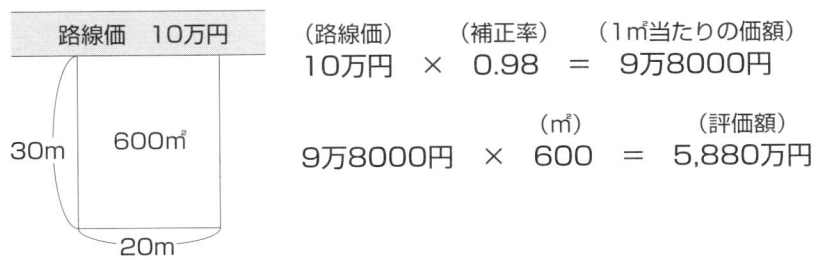

路線価　10万円
600㎡
30m
20m

（路線価）　（補正率）　（1㎡当たりの価額）
10万円 × 0.98 ＝ 9万8000円

　　　　　　　　　　（㎡）　　　（評価額）
9万8000円 × 600 ＝ 5,880万円

※奥行価格補正率表では、普通住宅地区で奥行距離が30mの場合、補正率は0.98と定められている

第9章　アパート・マンション経営をめぐるその他の税務知識

次に、建物の場合は、相続税や贈与税の評価額は、固定資産税評価額と同じになります。固定資産税評価額も、実勢価格や公示価格より低く設定されています。

今、仮にマンションの建物を1億円で建てたとしましょう。固定資産税評価額が、その70％、つまり7000万円になったとします。

この建物（マンション）が、自分が住むための住居であれば、相続税の計算上、建物の評価額は7000万円です。しかし、実際には賃貸マンションであり、人に貸しているので、評価額は下がります。貸家の評価額は、次の計算式で計算されます。

「貸家の価額」＝「自分でその建物を使用した場合の価額」×｛1－「借家権割合」×「賃貸割合」｝

今、この建物の借家権割合が30％とします。賃貸割合は90％とします。その場合に、0.3×0.9＝0.27の割合だけ、建物の評価額が下がることになります。つまり27％減額されるということです。元の評価額である7000万円が、5110万円に下がります。評価額は約1900万円下がったことになります。

しかし、もともとはこの建物は1億円の現金で建てたものです。財産が1億円の金銭であれば、相続税はその1億円に対してそのままかかるわけですが、マンションにしてしまえば約5100万円分の価値しかないとみなされるのです。本来であれば相続税がかかってくる分の財産が、4900万円分減ったことになります。

整理すると、例では、実勢価格が1億円の土地に、建築価格1億円のマンションを建てています。本当の財産価値としては合計2億円です。更地と現金のままだと、相続税の評価額は合計で1億8000万円です。それが賃貸マンションを建てると、相続税の評価額が合計で約1億1800万円にまで下がります。

このような実態があるので、相続税対策としてマンションを建てるということが実際に起こるのです。

　なお、マンション建設の費用を銀行などからの借入れに頼り、見込まれる将来の家賃収入で返済していくという方法があります。その際、「借金すれば相続税が減る」という話がありますが、これは正確ではありません。1億円の借金をしても、その1億円で財産を取得（ここではマンションの建設）しているわけです。その財産に相続税がかかってくるのですから、差引きはゼロです。借金そのものは相続税対策になりません。ただし、取得した資産が1億円ではなくて、約5100万円の評価額に下がるため、その分が節税になります。

■ **ケースで見るアパート・マンション経営と節税**

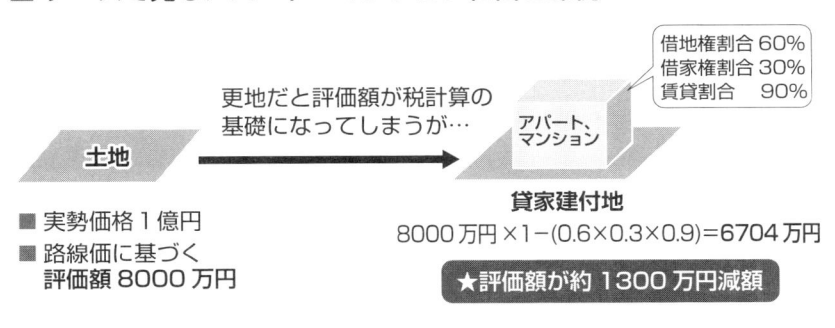

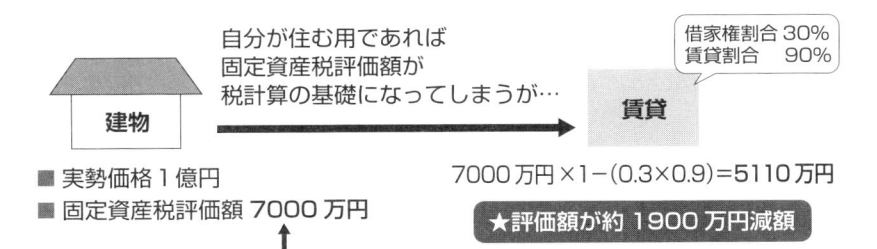

土地
- 実勢価格1億円
- 路線価に基づく評価額 8000万円

更地だと評価額が税計算の基礎になってしまうが…

アパート、マンション
借地権割合 60%
借家権割合 30%
賃貸割合　 90%

貸家建付地
8000万円×1−(0.6×0.3×0.9)=6704万円

★評価額が約1300万円減額

建物
- 実勢価格1億円
- 固定資産税評価額 7000万円

相続税や贈与税の税額計算の基礎として使われる

自分が住む用であれば固定資産税評価額が税計算の基礎になってしまうが…

賃貸
借家権割合 30%
賃貸割合　 90%

7000万円×1−(0.3×0.9)=5110万円

★評価額が約1900万円減額

第9章　アパート・マンション経営をめぐるその他の税務知識

7 相続時精算課税制度のしくみについて知っておこう

暦年課税と相続時精算課税の２つの制度がある

● 相続時精算課税制度とは

　贈与税の課税制度には、「暦年課税制度」と「相続時精算課税制度」があります。

　暦年課税制度とは、１月１日から12月31日までの１年間に贈与を受けた財産の合計額から、基礎控除の110万円を控除した残額に課税する制度です。

　相続時精算課税制度は、贈与時に贈与財産に対する贈与税を納め、その贈与者の死亡時に、贈与財産の価額と相続財産の価額の合計額を基に計算した相続税額から、すでに納めた贈与税相当額を控除するものです。つまり、贈与税と相続税の一体化です。

　なお、一度この制度を選択すると、その後同じ贈与者からの贈与について「暦年課税」を選択できないので注意が必要です（相続時精算課税制度の2500万円の非課税枠を一度利用してしまうと、同じ人（父か母）からの贈与については年間110万円の非課税枠は利用できなくなるということ）。

● 相続時精算課税を選択するための条件

　相続時精算課税制度は、贈与を受ける財産に制限はありません。しかし、この制度は「急激な高齢化に伴い、相続による若い世代への資産の移転が遅れてきたこと」「高齢者が保有している資産を利用することで、経済の活性化を図ること」などといった目的で導入されたものです。そのため相続時精算課税制度を選択する場合には、次の条件を満たす必要があります。

なお、平成25年度の税制改正では、今まで65歳以上となっていた贈与者の親の年齢要件緩和と、20歳以上の推定相続人である子どもに限定されていた受贈者の要件拡大が行われました。平成27年1月1日以後の贈与から以下のようになります。
① 贈与者がその年の1月1日において60歳以上の親、祖父母である。
② 受贈者がその年の1月1日において20歳以上であり、かつ、贈与者の推定相続人である子どももしくは、20歳以上の孫である。

● 相続時精算課税の税額計算とは

相続時精算課税の適用を受ける贈与財産については、他の贈与者からの贈与財産と区分して、選択した年以後の各年にわたるその贈与者からの贈与財産の価額の合計額を基に贈与税額を求めます。

贈与税の額は、贈与財産の課税価格の合計額から特別控除額2500万円を控除した後の金額に、一律20％の税率を掛けて算出します。この非課税枠2500万円は、たとえば、ある年に2000万円、翌年に500万円贈与を受けるという形でもかまいません。ただし、相続時精算課税の適用を受ける場合には、基礎控除額110万円は控除できません。

また、相続時精算課税では、贈与者ごとに制度を利用することができます。つまり、相続時精算課税を選択した受贈者が、相続時精算課税に係る贈与者以外の者から贈与を受けた財産については、その贈与

■ 暦年贈与課税制度

贈与税 ＝ （1月1日から12月31日までの1年間に贈与を受けた財産の合計額 － 基礎控除額（110万円）） × 贈与税率

生前贈与の加算
相続開始前3年以内に贈与を受けた財産を、贈与を受けた人の相続税の課税価格に加算すること

財産の価額の合計額から暦年課税の基礎控除額110万円を控除し、財産の価額に応じて定められている税率を乗じて贈与税額を計算します。

また、相続時精算課税は、直系尊属から住宅取得等資金の贈与を受けた場合の非課税制度と併用することができます。直系尊属から住宅取得等資金の贈与を受けた場合の非課税制度とは、平成24年1月1日から平成26年12月31日までの間に父母や祖父母など直系尊属から住宅購入資金の提供を受けた場合に、非課税限度額まで贈与税を非課税とする制度です（253ページ）。

この非課税制度を利用した残額について、暦年課税の場合には基礎控除（110万円）、相続時精算課税の場合には特別控除（2500万円）を適用できます。贈与を受けた翌年の3月15日までに居住することが見込まれることなど、非課税が認められるための要件を満たす必要はありますが、相続時精算課税制度との関係については知っておく必要があるでしょう。

相続時精算課税を利用して納付した贈与税額は、相続税の計算の際に控除します。具体的には、相続税の税額から、①贈与税額控除、②配偶者に対する相続税額の軽減、③未成年者控除、④障害者控除、⑤相続控除、⑥外国税額控除の6項目の税額控除を行います。もし、税額控除の結果、相続税額がゼロとなっている場合には、相続時精算課税による贈与税は還付を受ける、ということになります。

◉ 小規模宅地等にかかる評価減の特例との併用はできない

事業用地や居住用の宅地は、相続開始時において200～400㎡の部分について、5割または8割の評価減ができる小規模宅地等の特例があります。

この特例はその宅地を相続または遺贈により取得した者が適用を受けることができる制度ですから、生前贈与財産については適用できません。将来、相続税の申告において、小規模宅地等の特例を適用した

い財産については、相続時精算課税制度の適用は避けるべきです。

◉ どんな手続きをするのか

相続時精算課税を選択しようとする受贈者は、対象となる最初の贈与を受けた年の翌年2月1日から3月15日までの間（贈与税の申告期限）に税務署長に対して「相続時精算課税選択届出書」を提出しなければなりません。その際には、受贈者の氏名・生年月日、受贈者が贈与者の推定相続人であることを示した戸籍謄本や贈与者の氏名・生年月日、贈与者が65歳（平成27年1月1日以降の贈与については60歳）に達した時以後の住所または居所を示した贈与者の住民票の写しなど一定の書類をこの届出書に添付します。

■ 相続時精算課税制度

| 贈与を受けた財産の合計額 | − | 特別控除額（2,500万円） | ＝ | 課税価格 |

| 課税価格 | × | 一律20％ | ＝ | 贈与税額 |

※住宅取得等資金の贈与を受けた場合には、500万円（平成26年分）の非課税枠がある。

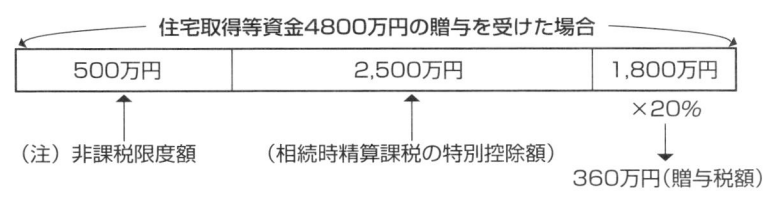

住宅取得等資金4800万円の贈与を受けた場合

| 500万円 | 2,500万円 | 1,800万円 |

×20％
360万円（贈与税額）

（注）非課税限度額　　（相続時精算課税の特別控除額）

（注）但し、受贈者の合計所得金額が2,000万円以下であること。

8 相続時精算課税制度を利用したいケースとはどんな場合か

相続時精算課税の特徴を理解する

● 贈与回数に決まりはない

相続時精算課税は、非課税枠2500万円の範囲内であれば、何回でも適用できます。この非課税枠は贈与者1人当たりの金額ですから、両親からそれぞれ非課税枠を利用して贈与を受けることも可能です。父、母の両方から相続時精算課税による贈与を受けた場合、最高5000万円まで非課税となります。

ただし、この制度はいったん選択すると同じ贈与者からのその後のすべての贈与に適用されることになります。たとえばある年に、父親から2450万円の贈与を受け、相続時精算課税を選択したとします。その翌年は100万円の贈与を受けた場合、110万円の基礎控除以下だから贈与税なしというわけにはいきません。父親からの贈与の合計は2550万円となるため、非課税枠2500万円を超過した50万円に対し、50万円×20％＝10万円の贈与税がかかることになります。

● 相続時精算課税を利用するのがよい場合

相続時精算課税を選択した方が有利になるのはどのような場合でしょうか。一般的に有利になる例として、以下の3つがあげられます。

① **値上がり傾向にある財産**

贈与税や相続税の計算上、財産の評価は贈与や相続があった時点で行います。将来的に価値が上がることが予想されるような財産については、評価額が低い段階で贈与をしておくと、負担する税金も抑えることができます。

② **財産そのものから収益が得られる場合**

賃貸マンションや株式など、収益をもたらす財産については、早期の段階で次の世代に譲渡することにより、相続財産を増やさないという効果があります。

③ 相続財産が基礎控除の範囲内である場合

相続税が課税されない最低ラインの金額をいいます。現在は「5000万円＋1000万円×法定相続人の数」が基礎控除額となります（平成27年1月1日以後は「3000万円＋600万円×法定相続人の数」に縮小）。相続時精算課税の非課税枠2500万円を超過した場合、20％の贈与税が課税されますが、相続の段階で基礎控除の範囲内であれば、最終的に負担した贈与税も還付されます。この制度を利用することにより、円滑に生前贈与を行うことができます。

これらのケースの他に、自らが死亡した後の遺産分割で相続人がもめ事を起こさないよう、相続時精算課税制度を使って生前に相続財産を分割してしまうという利用方法なども考えられます。

■ 相続時精算課税を有効に活用できるケース

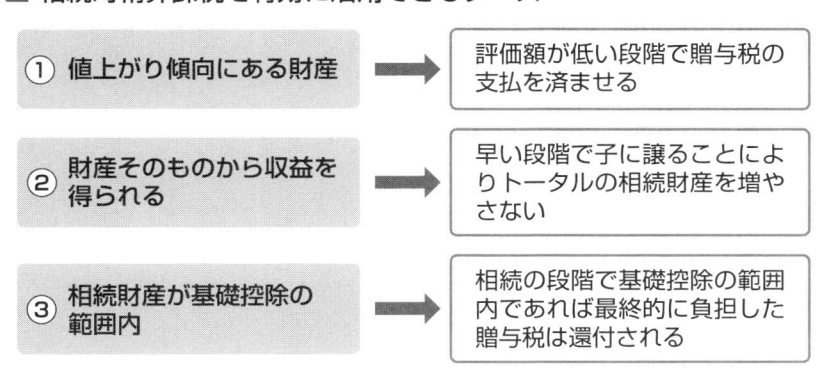

① 値上がり傾向にある財産 →	評価額が低い段階で贈与税の支払を済ませる
② 財産そのものから収益を得られる →	早い段階で子に譲ることによりトータルの相続財産を増やさない
③ 相続財産が基礎控除の範囲内 →	相続の段階で基礎控除の範囲内であれば最終的に負担した贈与税は還付される

第9章　アパート・マンション経営をめぐるその他の税務知識

【監修者紹介】
河原　大輔（かわはら　だいすけ）
税理士・行政書士・MBA。慶応義塾大学経済学部卒業後、一部上場企業勤務及び会計事務所勤務を経て、税理士登録。税理士・行政書士・社会保険労務士事務所である河原会計事務所の代表。外資系上場企業から個人事業者まで多くのクライアントの税務・会計・労務及び許認可業務を支える。経済産業大臣認定経営革新等支援機関として補助金・助成金の活用、及び、事業再生並びに事業承継を支援する。潜水士並びにPADI Dive Masterでもある。著作に『図解とQ&Aでわかる　最新税金のしくみと疑問解決マニュアル138』『入門図解　経理の仕事としくみ』（小社刊）がある。
●連絡先　河原会計事務所／㈲経営監理
〒260-0044　千葉県千葉市中央区松波3-7-13
URL http://www.keiei-kanri.com

齋藤　和紀（さいとう　かずのり）
早稲田大学卒業。平成元年弁護士登録（千葉県弁護士会所属）。みどり総合法律事務所パートナー弁護士。平成24年度同弁護士会会長。同弁護士会人権擁護委員会委員長、同地域司法推進委員会委員長。同弁護士会住宅紛争審査会紛争処理委員、佐倉簡易裁判所・千葉家庭裁判所佐倉支部調停委員。
●連絡先　みどり総合法律事務所
〒260-0013　千葉市中央区中央3-10-4　マーキュリー千葉9F
URL http://www.midorisogo-law.com

事業者必携
最新　アパート・マンション経営の法律と税務

2014年10月10日　第1刷発行

監修者	河原大輔　齋藤和紀	
発行者	前田俊秀	
発行所	株式会社三修社	
	〒150-0001　東京都渋谷区神宮前2-2-22	
	TEL　03-3405-4511　FAX　03-3405-4522	
	振替　00190-9-72758	
	http://www.sanshusha.co.jp	
	編集担当　北村英治	
印刷・製本	萩原印刷株式会社	

©2014 D. Kawahara K. Saitou Printed in Japan
ISBN978-4-384-04618-2 C2032

®〈日本複製権センター委託出版物〉
本書を無断で複写複製（コピー）することは、著作権法上の例外を除き、禁じられています。本書をコピーされる場合は事前に日本複製権センター（JRRC）の許諾を受けてください。
JRRC〈http://www.jrrc.or.jp　e-mail：info@jrrc.or.jp　電話：03-3401-2382〉